读经典·新时尚

RECONFIGURING THE WORLD

Nature, God, and Human Understanding from the Middle Ages to Early Modern Europe

Margaret J.Osler

重构世界

从中世纪到近代早期欧洲的自然、上帝和人类认识

〔美〕玛格丽特·J.奥斯勒 著

张卜天 译

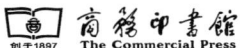

Margaret J. Osler
RECONFIGURING THE WORLD
Nature, God, and Human Understanding from the Middle Ages to Early Modern Europe
Copyright © 2001 The Johns Hopkins University Press
All rights reserved. Published by arrangement with The Johns Hopkins University Press, Baltimore, Maryland.
根据霍普金斯大学出版社 2001 年版译出

目　录

引言 …………………………………………………………… 1

第一章　1500年以前西方的世界观 ………………………… 4

第二章　变革的气息：寻找一种新的自然哲学 …………… 40

第三章　观察天空：从亚里士多德的宇宙论到
　　　　自然的均一性 ………………………………………… 77

第四章　创造一种新的自然哲学 …………………………… 98

第五章　移动边界：从混合数学到数学物理学 …………… 119

第六章　探索物质的属性：炼金术与化学 ………………… 149

第七章　研究生命：植物、动物和人 ……………………… 168

第八章　重新思考宇宙：牛顿论引力与上帝 ……………… 186

尾声 ………………………………………………………… 210

阅读建议 …………………………………………………… 214

索引 ………………………………………………………… 222

引　言

科学以及基于科学的技术主宰了21世纪的世界，这使我们很难意识到还有其他什么认识世界的方式和行为方式曾经盛行过。事实上，潜藏于现代科学之中的世界观在人类历史上是相对晚近才发展起来的。本书旨在描述那些曾经盛行过的观念，当时有教养的人认识世界的方式与现代科学认识世界的方式非常不同。

在近代早期（大约从1500年到1700年），欧洲思想经历了巨大转变。艺术、宗教、哲学、地理学、医学、科学，大多数思想活动领域的根基均被撼动，对自然和物质世界的认识正是这些转变的基础。

欧洲精神生活同时植根于圣经宗教和古希腊，其传统常被称为雅典和耶路撒冷的联姻。这种不稳定的联姻产生了重重困难。《圣经》强调一个无所不能的神的意志不受限制，希腊的方法则强调世界由非人格的统一和谐原则所支配，这个世界通常没有任何创世环节，也不受一个为所欲为的神的干预。整个欧洲思想史贯穿着在这两种看法之间寻找可行联系的努力。

希伯来《圣经》（基督徒称为《旧约》）描述了一个由神创造的世界，而且这个神会与世界进行持续互动。神关注其造物，并通过赏罚、预言和奇迹直接与人类沟通。世界的存在与本性以及人类的生活境况一直取决于神的意志。《圣经》展示了一部关于世界和人类的历史,它始于创世,在诺亚洪水之后得以持续。基督教的《新约》将这个故事继续下去,它讲述了耶稣的生、死和复活,并以预言基督再临、末日审判和世界末日作结。

希腊人对世界的叙述非常不同。与《圣经》不同,希腊人强调有不变的本原为自然界提供基础和秩序。一些哲学家认为这些本原由某种物质构成,另一些哲学家则把它们看成数学的或音乐的和谐。于是,《圣经》认为自然和人类受制于一个无所不能的神的任意活动,希腊哲学家却关注他们在自然界中感知到的规律与秩序。不仅如此,希腊人认为世界是永恒的,既无开始,也无结束。

无论在古希腊时代、中世纪还是近代,哲学家亚里士多德(Aristotle,公元前384—前322)都对许多自然研究领域产生了巨大影响。他不仅写出了有关物理和生命世界的极富影响力的论著,还根据主题和方法对各个知识分支加以分类。他的科学分类为13—17世纪的大学课程奠定了基础。各种学科的内容也反映了他的影响,直到传统的学科界限在16—17世纪开始瓦解。

这种变化大都可以在自然哲学这一学科中反映出来,亚里士多德认为自然哲学是对一切世间现象的原因的认识。虽然自然哲学包含的许多领域今天会被我们看成科学的一部分,但"自然哲学"一词并不只是谈论科学的一种过时方式。中世纪的自然哲学包含着一些被现代科学排除在外的论题,比如论证世界中的设计和人的灵魂不朽,它也排除了另一些在现代科学中很重要的论题,比如光学、天文学、医学等。此外,自然哲学寻求的那种知识——关于事物真实本质的知识——在方法和目标上都与现代科学不同。

那么,近代早期的思想家们是如何看待自然和我们认识自然的能力的？他们对这些问题的看法在近代早期是如何变化的？哪些事件、观念和传统导致了这些变化？

本书旨在帮助我们理解近代思想家们是如何看待自然界的。他们认为这个世界中存在着哪些东西？如何解释这些事物及其变化？这种认识是如何获得的？对这些问题的回答在1500年与1700年之间发生了哪些变化？为什么？

历史上的过去是异国他乡。我们这里不是要追溯过去以寻找现代科学的起源，而是要寻找近代早期对这些问题的回答。我们不是要发现自己所关注的事物在过去得到了哪些扭曲反映，而是要试图理解这个异国他乡的居民的语言和习俗。

第一章　1500年以前西方的世界观

对世界的认识——对自然的理解——是通过思考三个基本问题发展起来的:这个世界是由什么东西构成的? 这些东西如何相互作用? 关于它们,我们能够获得什么样的知识? 这些问题将成为我们从古希腊到16世纪欧洲之旅的路标,指引我们了解关于自然界的思想是如何发展的。

在中世纪和文艺复兴时期,学者们在一些机构和书籍中研究关于世界的问题,这些书籍体现了在明确的学科界限之下对知识领域所作的特殊分类。而在近代早期,戏剧性的发展同时改变了这些学科的界限和内容。1500年左右,受过大学教育的人会通过古希腊最早发明的术语思考世界。从古希腊到16世纪欧洲的两千年间,关于自然界的思想经历了漫长而复杂的发展。其他文化中的学者出于各自的目的而让希腊思想为己所用,所处的语境与古代思想家最初提出它们时的语境有所不同。要想了解1500年左右有教养的欧洲人看到的世界是什么样子,就需要追溯某些思想的、地理的和宗教的道路。

亚里士多德的自然哲学为解释世界的运作提供了基本原理。托勒密(Claudius Ptolemy,约100—170)的天文学为计算天体位置提供了数学模型,作这些计算是为了制定历法和绘制占星图。

医生希波克拉底(Hippocrates,公元前460—前377)和盖伦(Claudius Galen of Pergamum,129—216?)写书讨论了医学的理论和实践,主导了数个世纪的医学思想。这些书籍和思维方式沿着语言和地理的路线辗转来到了近代早期的欧洲,在这一过程中都经历了重大变化。亚里士多德、托勒密、希波克拉底和盖伦都用希腊语写作。经过辗转传抄,这些著作的手稿在地中海世界流传了一千多年。公元前2世纪罗马对希腊世界的征服以及4—5世纪罗马帝国的最终陷落导致雅典、罗马、埃及的亚历山大城等古代的希腊学术中心不复存在。

经过漫长的衰落时期,7—8世纪伊斯兰世界的兴起重新激起了人们对希腊学术新的兴趣。到了8—9世纪,云集巴格达的学者们把哲学、自然哲学、数学、天文学和医学的大量希腊著作译成了阿拉伯语。翻译运动得到了哈里发们(国家和宗教的领袖,穆罕默德的继承者)的支持,他们认为,希腊著作最初是琐罗亚斯德教(波斯帝国的主要宗教)经典著作的一部分,后来希腊人认为这是亚历山大大帝掠夺波斯(今天的伊朗)的一项成果。哈里发们赞助这些翻译是为了恢复古代波斯的知识。哈里发们认为由此可以说服波斯人相信,他们建立的新王朝是古代波斯帝国的合法继承者。除了哲学,阿拉伯翻译家们还特别重视占星学,因为这门学科对于巴格达的统治者有特殊的意义。围绕这些文本发展出了一种活跃的学术传统。在这些翻译之后,其他阿拉伯学者很快便写出了科学和哲学方面的许多新著作。在几个世纪的时间里,拉丁西方(西欧)是一个政治上分散的封建社会,学术传统极为有限,哲学、医学和数学科学则在阿拉伯世界繁荣起来。

从11世纪开始,部分由于欧洲基督徒在十字军东征和夺回伊比利亚(西班牙)半岛期间与阿拉伯世界再次有了接触,一些欧洲学者又把许多希腊—阿拉伯著作重新从阿拉伯语译成了当时西欧学者的语言——拉丁语。到了1200年左右,亚里士多德和托勒密的大多数著作以及其他许多古代作家的作品均被从阿拉伯语译成拉丁语。这些文本的获得和由此引发的兴奋促使人们创建了大学,学生群体聘用"师傅"来为其讲授新翻译的著作。博洛尼亚大学围绕《查士丁尼法典》(罗马法的基础)发展出了一套法律制度,管辖着欧洲大陆的教会和市民社会。在巴黎,彼得·阿贝拉尔(Peter Abelard,1079—1142)吸引着想学习亚里士多德逻辑的学生,他本人则掌握着相关的文本;就这样,成立于1200年左右的巴黎大学成了哲学与神学的(带有亚里士多德味道的)研究中心。巴黎大学虽然本身不是教会的一部分,但却与教会有着多方面的密切关联。它要受到巴黎主教的监管,学生和教职员工都有神职,担任教士和僧侣。在巴黎大学,神学院(三个较高学院之一,另外两个是医学院和法学院)占主导地位。在中世纪的学科等级中,神学是科学的女王。本科或艺学院(arts faculty)只有世俗地位,它与宗教或神学无关。亚里士多德的文本为其课程提供了基础,虽然亚里士多德的哲学并非总是与基督教神学相容。例如,亚里士多德认为世界是永恒的,而根据基督教教义,上帝创造了世界,因此世界在时间上有一个开端。

这种不尽相配导致了一些有趣的后果。在处理基督教教义与古希腊哲学之间的明显冲突时,一些中世纪学者不是立刻拒斥亚里士多德的说法,而是力求使它们相容。其中最有影响的尝试便是多明我会修士托马斯·阿奎那(Thomas Aquinas,1224/27—1274)所作的伟大综合——《神学大全》(*Summa theologica*)。在这项庞大的工作中，阿奎那试图通过亚里士多德哲学来解释基督教教义。由于亚里士多德的看法与基督教教义之间存在一些冲突，比如亚里士多德的哲学中没有一个人格的上帝或神意，而且亚里士多德否认人的灵魂能与肉体相分离，因此阿奎那修改了古代哲学家的许多说法。新的大学及其成员从古代知识的传播者变成了新知识的创造者。由于《神学大全》等著作的出现以及大学课程的组织，中世纪的亚里士多德主义和基督教神学开始在所谓的经院哲学中紧密交织在一起。经院思想家和经院课程在大多数欧洲大学中一直占据主导地位，直到17世纪以后才渐渐衰落下来。当时和现在一样，讲授什么、改变什么需要由学者们来决定，但总是局限在亚里士多德等人的文本范围之内。

理解世界：亚里士多德的自然哲学

从亚里士多德的著作被翻译成拉丁语（约1200年），直到近400年后的17世纪，关心世界本性的大多数欧洲思想家都接受了亚里士多德对自然和认识的某种解释。亚里士多德出生在希腊北部马其顿的小城斯塔吉拉（Stagira）。他曾在柏拉图的雅典学园学习哲学，在那里求学教书长达20年。后来，亚里士多德担任了后来的亚历山大大帝的老师。他在希腊的莱斯博斯岛（Lesbos）上对海洋动物作了数年广泛的经验研究，还撰写了关于陆地动物的著作。后来，亚里士多德在雅典建立了自己的哲学学园——吕克昂（Lyceum），现在归于他的大部分著作可能都是根据他在这所学校的讲座整理而成的。在《物理学》、《论天》、《论生灭》、《气象学》、

《论灵魂》、《动物志》、《动物的部分》、《动物的产生》等后来所谓的亚里士多德"自然学著作"中,他在规定概念框架时所使用的术语在未来两千年中讨论和解释自然界时一直被沿用。因此,我们值得多花些时间来了解亚里士多德的观点。

在讨论自然界之前,亚里士多德描述了不同的知识领域。他对知识的分类规定了学科的界限,这些界限后来支配着大多数论著、教科书和大学课程。亚里士多德基于题材把物理学与数学以及神学区分开来:物理学研究的是可毁灭的和可感的东西;数学研究的是可感但不可毁灭的东西;神学研究的则是不可感且不可毁灭的东西。由于每一个学科的题材和原理都不同,亚里士多德得出结论说,这些学科是迥然不同的、无关的。他认为把数学应用于物理学是非法的,这对于自然哲学和科学后来的发展至关重要。这种做法也许在我们听来很奇怪,但我们的前人却完全可以理解。

亚里士多德相信,无论是哪一个研究领域,我们都可以通过认识它的原理、原因或要素而获得理解。他认为,世界是由实体(意味着质料与形式的组合)构成的。个别实体是像猫、人、石头、雕像这样的东西。每一个实体均由质料和形式两种组分所构成:质料是实体所由以构成的原料,而形式则是使实体成为它所是、而不是别的样子的东西。一只猫是由质料(它的肉、毛皮和骨骼)和它的形式构成的,是形式使得它是一只猫而不是一条狗或一尊雕像。在亚里士多德看来,任何个体事物都有一种本性,这是它运动的内在原因。对他来说,"自然"[即本性](nature)指的是个体的本质,而不是指整个世界或人未触及的那部分世界,后面这些含义直到后来才出现。和其他古希腊思想家一样，亚里士多德也把物理学或自然哲学定义为对单独考虑的事物的独特本性的研究，而不是对整个自然的研究。

在亚里士多德的世界中，形式既可以是现实的，也可以是潜能的：它们是什么，或者它们可以变成什么。一棵成熟的橡树现实地具有橡树的形式，但橡子却只是潜能地包含形式。用亚里士多德的话说，当橡子长成橡树时，潜能就变成了现实。形式的现实化过程控制着树的成长。正是由于形式控制着成长，所以橡子长成了橡树而不是枫树，猫生出了小猫而不是小狗。形式控制着每一个自然过程。潜能与现实的这种关系使我们开始追问一个问题，即事物是如何变化的。

根据亚里士多德的说法，世界上发生的变化有不同类型：位置的变化或位置运动；量的变化，如扩张和收缩；质的变化，如一个苹果成熟时变红；以及生灭，比如出生和死亡。每一种变化都需要有自己的因果解释。在亚里士多德看来，完整的解释需要诉诸四种原因：形式因或形式；质料因或质料；动力因或产生变化的动因；还有目的因或变化的目标或目的。

我们可以用建造一座房子来表明亚里士多德所说的四因。建筑师的设计图是形式因。用于建造房子的砖头、砂浆、木材、管道、电线、屋顶材料和清水墙等材料是质料因。建房工人的活动是动力因。目的因或房子的目的是提供遮蔽。四因还解释了自然界中的变化，无需存在一种外在的或有意识的动因。考虑一棵橡树的生长：形式因是潜在地存在于橡子之中的橡树形式的现实化；质料因是水、土以及构成树的其他物质；动力因是形式从潜能到实际橡树的"现实化";目的因则是产生出一个与其父母相似的后代,即橡树形式的现实化。在如橡子长成橡树这样的生物例子中,形式因、目的因和动力因往往是相同的。

在这种思想体系中,每一种自然变化,即事物的内在本性所产生的每一种变化都有一个目的因或目的。因此,亚里士多德的世界是完全目的论的或以目标为导向的。并非所有变化都是自然的。那些缺乏目的因(即内置的目标或目的)的变化乃是源于巧合,因为该过程的结果并非源于以目标为导向的变化。意外情况会以若干种方式发生。有时,一种原本自然的过程并没有达到其固有的目标。例如,虽然生殖过程通常会导致一个与父母相似的后代出生,但如果在受孕或妊娠期出现错误,就会缺乏目的因而导致流产或畸胎。畸形的后代源于孕妇受伤等意外情况或者遗传异常,从而导致无法生出与父母相似的后代。同样,虽然有意识的动因会为出于某些目的而起作用,但并非其所有作用都是有目的的。例如,语法老师的目的是讲授如何正确使用语言。但如果老师犯了一个语法错误,则该错误就没有目的因,它仅仅是一个意外。

亚里士多德把所有自然现象都纳入了他的概念框架。例如,在《论天》中,他讨论了宇宙论,用他的质料、形式和四因等概念描述了我们头顶的天界,并把它与我们所居住的地界做了对比。亚里士多德的宇宙是球形的。宇宙中心与地球的中心相重合,其周缘是一个球体,处于恒星天球以外。希腊人认为,行星是那些移动的星体或所谓的"漫游者"。于是,他们把我们所说的"星"称为"恒星"。根据亚里士多德的说法,宇宙可以分成两个区域,各自包含不同种类的物质。月球轨道所形成的天球内部区域,即月下区或地界,由土、水、气、火四种元素所构成。月亮天球以外的区域,即天或天界,则由第五元素所构成,它排成了一组同心球。月下区的物体发生质的变化,而且往往沿直线运动。太阳、月亮和五大行星(水星、金星、火星、木星和土星)等天体并不变化,尽管它们会从一个地方移动到另一个地方。第五元素的天球把各个天体固定在合适的位置,所有天体都会围绕位于中心的地球旋转。宇宙中充满了物质,虚空或真空并不存在。这幅图景与我们的认识相当不同,但却比较符合我们的经验:它至少部分是我们所看到的样子。在宇宙中的任何地方,位置运动(或位置变化)就像所有变化一样,总是需要一个原因。在月亮天球以上的天界物体由第五元素所构成,于是它们会自然地围绕宇宙中心做圆周运动。它们的运动是由第五元素的本性引起的。

地界则充满了与此不同的更复杂的运动。由运动物体的重或轻所导致的向下和向上的运动被称为"自然"运动。重物自然向下运动,因为重这种形式使之寻求在宇宙中心处的自然位置。轻物向上运动,因为轻这种形式使之向上寻求它们的自然位置,即包含月球轨道的天球内部区域的周缘。有外在原因的运动,比如抛射体运动或举起一块大石头的运动,被称为受迫运动。基于这些区分,亚里士多德提出了一种复杂的方案来解释各种类型运动的原因。在这种方案中,只有静止不动的物体才不需要解释。从这个角度来看,亚里士多德的世界从根本上说是静态的:它为静止创造了一种特殊的重要角色。

在《论生灭》中,亚里士多德提出了关于质料和变化的基本问题。在亚里士多德的世界中，质料总是与形式相结合而存在的。质料被赋予形式，形式由质料体现。原初质料（我们从未真正见过的一种抽象事物）被热、冷、干、湿四种原初性质赋予形式，产生了最简单层次的物质——四元素。火是热和干；气是湿和热；水是冷和湿；土是冷和干。所有其他种类的物质都是由这些元素按照不同比例构成的。与现代化学元素（除了直到20世纪才知道衰变过程的放射性元素）不同，亚里士多德的元素可以相互转变。例如，如果火的热变成了冷，火就被转变成了土，或者如果水的冷变成了热，水就被转变成了气。质料可以在不同层次上被赋予形式。马的雕像的青铜质料具有马的形式。但如果被视为一大块金属，则它就具有青铜的形式。虽然我们现在并不按照这些术语来思考，但在相当长的时间里，大多数自然哲学家都是这样进行思考的。

在《气象学》中，亚里士多德解释了流星、彗星、银河、冰雹、天气等他认为存在或发生于地球大气中的各种现象以及海的咸度、地震、雷电、彩虹等。他在这项研究中的好奇心与我们很相似，尽管其解释与我们的有所不同。

亚里士多德的自然学著作中有一部名为《论灵魂》。亚里士多德宣称，存在着三种灵魂，分别对应于植物、动物和人这三种生物。植物、动物和人都拥有生长灵魂（vegetative soul），这种形式赋予了生物体以营养、生长和生殖的能力。动物和人，但不包括植物，还拥有一种感觉灵魂（sensitive soul），它赋予生物体以感觉和走动的能力。只有人拥有一种理性灵魂（rational soul），它赋予人以理性思考的能力。灵魂是生物体的形式，通过生殖过程从一代传到下一代,亚里士多德在《动物的产生》中描述和解释了这个过程。10

除了关于灵魂的阐述,亚里士多德还写了几部描述性著作,基于自己广泛的经验研究讨论了动物的外观和行为。亚里士多德也对动物作出了解释,所运用的原理与解释其他任何一种自然事物所运用的原理相同。事实上,他对生物的观察研究可能为其更一般的哲学提供了基础。由这种关联可以解释他关于形式被质料体现的构想以及目的因和目的对于解释变化的重要性。

总体来看,亚里士多德的自然学著作把整个世界都纳入了他统一的自然哲学范围。他用质料、形式和四因等概念来解释一切自然现象。亚里士多德著作的这些一般特征一直规定着后续的自然哲学著作,直至17世纪。

除了描述世界运作的一般原理,亚里士多德还描述了一种认识世界的方法。亚里士多德主义自然哲学家寻求关于事物本质的证明性知识。由关于事物本质或形式的知识证明出关于事物属性的知识,便是导向这一目标。亚里士多德阐述了一种发现事物本质的方法,即考察若干同类的个体,以确定哪些属性是本质的,哪些属性仅仅是偶然。例如,在对若干人进行考察之后,亚里士多德得出结论说,没有羽毛和两足是所有人的本质属性,而白皮肤、翘鼻和卷发则不是。哲学家一旦识别出某种事物的本质,便可以证明这种事物的其他属性。关于某个事物的完备知识不仅包括关于其形式的知识,而且也包括基于四因的解释。这些知识一旦完备,便获得了确定性。

就这样,亚里士多德的自然哲学提供了一种关于世界的完备说明。运用质料、形式和四因等基本观念,他描述和解释了天界的运动、地球上或接近于地球的物体的物理属性、生命界以及人类。这些观念也构成了他关于伦理学、政治哲学乃至文学批评等其他著作的基础。至少从部分意义上说,正是由于他的哲学解释具有这种融贯性和统一性,许多个世纪以来,它一直吸引着许多思想家。对亚里士多德主义的持续兴趣和在亚里士多德主义框架下对理论的进一步发展走过了一条漫长而曲折的道路,经历了各种不同语言和文化背景。

在中世纪早期,拉丁西方的学者只知道亚里士多德的少数几部著作。然而与此同时,在阿拉伯世界,学者们几乎把亚里士多德的所有著作都从希腊语译成了阿拉伯语。到了9世纪末,用阿拉伯语写作的哲学家开始发展他们自己对亚里士多德哲学的解释。其中金迪(al-Kindi,约801—约866)认真考察了翻译家的工作,而且用阿拉伯语发展出了一种新的哲学语言来讨论亚里士多德的思想。他指出,这些哲学思想与解决他那个时代的问题有关,包括源于伊斯兰神学的问题。他不仅完成了他认为古代哲学家未能完成的东西,而且写了许多关于科学的论著。他把亚里士多德称为"哲学大师"(The Philosopher),这一称号在整个阿拉伯哲学传统中一直延续着。于是我们看到,就像后来在阿奎那那里一样,传播与创造协同进行。

西班牙穆斯林伊本·鲁世德(ibn Rushd)或称阿威罗伊(Averroes,1126—1198)所处的宗教传统不仅强调《古兰经》及其解释的合理性,而且强调人类理解力的合理性以及上帝及其造物的统一性。在这种背景下,他基于自然理性而非启示创造了哲学和神学中的观念。他因其论述亚里士多德的著作而被誉为"评注大师"(The Commentator)。阿威罗伊强调真理的统一性。当用理性证明的哲学真理与《圣经》之间产生明显矛盾时,他认为可以通过隐喻性地解释《圣经》经文来解决这些矛盾。事实证明,在13世纪巴黎的基督教氛围中,他的一些结论性说法是极具争议的,尤其是他否认无中生有的创造(creation ex nihilo,从虚无中绝对地创造出某种东西),声称神的知识与人的知识有质的不同,否认个人死后还能复生,而且对亚里士多德的自然哲学作了决定论的解释(也就是把原因的运作解释成带有无情的必然性)。例如,阿威罗伊声称,存在着一套不可改变的必然原因把天界的运动与包括人类活动在内的地界事件联系起来。这种因果必然性将同时对神和人的自由意志造成限制,这种观点是基督徒所不能接受的。

把亚里士多德的著作从阿拉伯语译成拉丁语促使人们把古代哲学当做基督教神学的基础。阿奎那撰写了系统的论著,利用亚里士多德哲学来解释基督教教义的问题。例如,他用亚里士多德的质料理论来解释基督如何可能实际存在于圣餐中,即使饼和酒并未改变其外观。他声称,只是饼和酒的实体形式变成了基督的身体和血,但圣餐的外观保持不变。圣体的奇迹正在于此。教会采纳了这种解释,并把圣餐变体称为官方教义。由于许多基督教教义获得了亚里士多德主义的解释,自然哲学开始变得与宗教教义密不可分。阿奎那断言,自然理性无法证明所有教义,特别是创世、复活和三位一体的奥秘。他声称,通过信仰认识到的真理与那些由理性认识到的真理并不矛盾。阿奎那的老师,同时也是多明我会的修士大阿尔伯特(Albertus Magnus,1200—1280)则声称自然理性是自主的,他写了许多关于博物学主题的论著。

与此同时,在布拉班特的西格尔(Siger of Brabant,约1240—1284)和亚里士多德的其他拉丁追随者的教导下,阿威罗伊的思想在巴黎大学流行起来,从而导致了1277年大谴责,即巴黎主教谴责了219条命题,其中许多都否认上帝有自由意志。具有讽刺意味的是,大谴责激励哲学家发展出了新的方式来思考上帝与万物的关系,这种方式强调上帝的自由。其中一些观念使人们开始重新思考关于世界本性和结构的传统看法。例如,受到谴责的其中一条命题说,地球必须静止于宇宙的中心。

当时没有人否认地球静止于宇宙的中心,然而鉴于上帝的全能和自由,他完全有可能创造出一个地球在运动而且不在中心的宇宙。14世纪的两位自然哲学家让·布里丹(John Buridan,约1300—1358)和尼古拉·奥雷姆(Nicholas Oresme,约1325—1382)认真考虑了这种可能性。他们回答了针对地球运动的传统反驳以证明地球运动的可能性,但却得出结论说,地球实际上静止于宇宙的中心。在此后的3个世纪里,直到1600年左右,自然哲学研究仍然以亚里士多德的自然学著作作为基础。虽然文艺复兴时期的学者编订了比中世纪更忠实于原作的亚里士多德文本,但使用这些改进的文本并没有立即改变自然哲学研究的亚里士多德主义结构。自然哲学教科书继续遵循着亚里士多德自然学著作的结构和秩序。即使自然哲学的内容在近代早期发生了巨大变化,大学课程和教科书也继续沿袭着中世纪的外在样式。这一点很重要:存在着一种夸大中世纪与文艺复兴时期自然哲学之间断裂的倾向,但事实上许多传统形式仍然保持着。

拯救现象：托勒密天文学

作为一门数学学科，希腊天文学有着悠久的历史，其发展在很大程度上独立于自然哲学。与现代科学不同，在希腊思想中，计算是一种预测天体位置的技巧，而不是宇宙真理的来源。

数理天文学有古代的根源。至少早在公元前1700年，巴比伦人就对天空作了系统的观测。他们在泥板上记录下了观测结果，其中数以万计的泥板现藏于伦敦的大英博物馆。运用算术函数，巴比伦人能够近似地预测天体位置，以便制定历法和从事神判占星学（judicial astrology，基于天空的位形来预测未来事件，或者确定结婚、建城以及举行其他仪式的良辰吉日）。据我们所知，他们从未把几何模型用于天文计算，而是用几列数（有的记录他们对众多变量的细致观测，有的则源于算术操作）来预测月食等现象以及新月的初升（确定朔望月的开端）。这种天文学关乎的是数和时间，而不是空间中的物体和形状。

到了公元前3世纪，希腊天文学家已经能够看到巴比伦的大量天文学数据。但希腊的观测和计算方法与其巴比伦前辈差别甚大。据说哲学家柏拉图（公元前427—前347）在其雅典学园针对天文学家所作的一个评论为希腊天文学家所采用的方法提供了激励。在柏拉图看来，只有理性——唯一未被感官幻觉所败坏的抽象理性——才能提供确定可靠的知识。由于他不相信感官能作为可靠的知识来源，而且天文学必须依赖观测数据，所以柏拉图指示天文学家只用匀速圆周运动的组合去"拯救现象"。也就是说，他指示天文学家构造出能够准确预测天体的未来位置、与所有观测数据相一致的理论,但也告诫他们不要认为自己的理论是对天上真实结构的描述。在描述宇宙起源和结构的重要对话《蒂迈欧篇》(*Timaeus*)中,柏拉图说,这一叙述充其量只是一个可能的故事,而不可能达到真正的(纯理性的)知识所具有的确定性。

于是,亚里士多德的物理学提供了一种关于世界结构的真实描述,而天文学却只是用来计算天体的位置。大多数希腊哲学家和天文学家并不认为天文学与物理学在方法上的不一致有什么问题。如果通过亚里士多德的学科分类来看这种做法,则他们认为天文学是混合数学(mixed mathematics)的一个分支,因为它用数学来描述可变、可觉察的现象。在中世纪晚期和近代早期发生的最显著的变化之一就是这些学科之间的关系发生了改变。

希腊数理天文学出现在公元前4世纪。它旨在通过由圆周运动的组合所构造的模型来解释已知行星(水星、金星、火星、木星和土星)、太阳和月球——所有这些天体用肉眼都可见——的运动。它们每天均东升西落,虽然从地球的同一个位置来看,行星在一年间并非总是可见。太阳每年从西到东所走的路径被称为黄道——行星似乎沿着这个圆在走——并且作为黄道坐标以测量其他天体的黄经。这里没有必要详细掌握这些技术细节,我们只要知道它们存在着,而且更重要的是,它们是大量理论和观测的基础。

除了每日的升落,每一个天体还会以更长的周期沿黄道自西向东缓慢移动。它们的周期——每一个天体重新回到相对于恒星的同一位置所需的时间——各不相同,从大约需要1个月的月球一直到大约需要 29 年的土星。除了沿着黄道的周期运动,每一颗行星的运动似乎还会慢下来,停住,并自东向西运动,从而在其总体上自西向东的运动上制造一个环形。这些滞留和反转被称为留和逆行。希腊天文学家创造性地用层层相套的天球组合来解释行星的视运动,但进一步的观测总是与他们的工作不符。

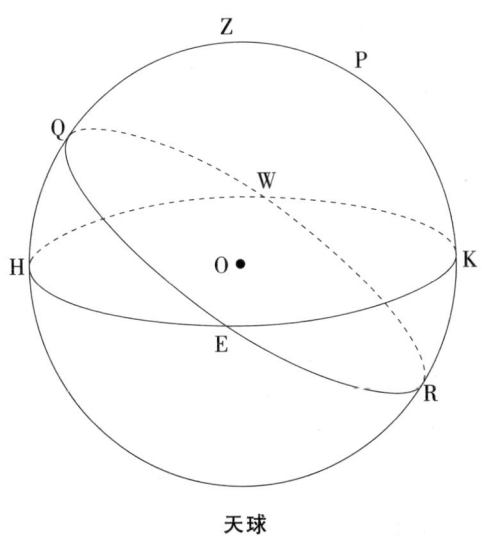

天球

希腊天文学家把天球描绘为天体运动几何理论的参照系。圆 HZKR 是天球。大圆 HWKE 是地球赤道在天球上的投影。这就是所谓的天赤道。大圆 RWQE 是太阳围绕地球运转的周年路径。这就是所谓的黄道,与天赤道成 23.5°角。黄道与天赤道的交点 W 和 E 是春分点和秋分点,Q 和 R 是夏至点和冬至点。希腊天文学家把黄道作为测量黄经——行星、太阳和月亮相对于春分点的角运动——的东西标线。在黄道以南或以北的角距离决定了天体的黄纬。

■ 图见 Arthur Berry, *A Short History of Astronomy from Earliest Times through the Nineteenth Century* (London:John Murray,1898),p.38.

希帕克斯（Hipparchus，公元前 2 世纪中叶）不仅利用了其希腊前辈的几何学传统，而且有机会看到至少可以追溯到公元前 1700 年的巴比伦人的观测结果。运用大约 1500 年以来的观测记录，连同数学上的重要进展，他提出了比前人更为准确的理论。为了保住行星的地心模型，他采用了一种新的几何方案——偏心圆。希帕克斯还基于本轮提出了一种模型，数学家阿波罗尼奥斯（Apollonius of Perga，约公元前 262—前 190）已经证明本轮与偏心圆在数学上是等价的：无论哪一种模型都能"拯救现象"——即构造一种与观测数据相一致的数学理论，并能以相同的精确度作出正确预言。他对偏心圆与本轮等价性的强调表明他并不打算用自己的模型来描述物理实在。

托勒密对天体作了完整说明。其《天文学大成》(*Megale syntaxis*)在被译成阿拉伯语以及再后来被译成拉丁语之后，更多以其阿拉伯文标题《至大论》(*Almagest*)为人所熟知，且成为中世纪和近代早期天文学的出发点，这再次提醒我们注意阿拉伯学者扮演的重要角色。托勒密用本轮构造了关于太阳、月亮和行星的理论。《天文学大成》单独处理了每一颗行星，而没有勾勒出一个完整的体系，因为托勒密的目的是单独解决每一颗行星的运动问题，而不是描述性地解释宇宙。他对行星位置的理论预测准确到大约 10 弧分以内，这是他所能达到的观测精度极限。（天空包括 360 弧度，每一弧度又包括 60 弧分，所以天空包括 21600 弧分，因此 10 弧分是把可见的半个地球大约分成 1000 份所得到的结果。）

第一章 1500年以前西方的世界观

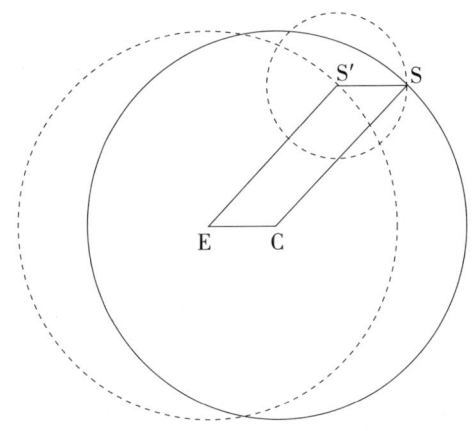

希帕克斯对偏心圆与本轮等价性的证明

此图表明了本轮与偏心圆对于描述行星 S 运动的等价性。S 在半径为 SS′ 的本轮上运动,此半径等于以地球为中心的偏心圆的偏心距。行星 S 以均匀的角速度围绕 C 运转,但从地球 E 来看,其速度是不规则的。如果行星 S 在本轮上运动,而本轮又围绕以 E 为中心的均轮匀速运转,则行星描出的路径是相同的。

■ 图见 Arthur Berry, *A Short History of Astronomy from Earliest Times through the Nineteenth Century* (London: John Murray, 1898), p.47.

运用亚里士多德的原理,托勒密认为地球是球形的。其实早在亚里士多德以前,希腊人就知道并且接受了这个事实。托勒密断言地球是由重的物质构成的。因此,如果把地球从其自然位置移开,它将倾向于落向其自然位置——宇宙的中心。由于地球比动物以及其他不在地球表面的物体更重,如果地球下落,这些东西将会被落在后面,但我们并没有觉察到这样的结果。此外,由于轻物——比如炽热的星体——从本性上说比地球那样的重物更倾向于快速运动,所以要想解释行星、太阳和月亮每日的升落,假设天球运动要比假设地球绕轴自转更简单。基于这些理由,托勒密认为地球静止于宇宙的中心。

然而,托勒密并没有就此止步。除了讨论数理天文学的《天文学大成》,托勒密还写了另一本书《行星假说》(Planetary Hypotheses),试图对宇宙给出一种与亚里士多德宇宙论不同的物理解释。中世纪的阿拉伯天文学家知道这项工作,他们觉得《天文学大成》的数理天文学与《行星假说》试图给出的物理解释之间的差异很成问题。

托勒密认为占星学是天文学的一个重要组成部分,这门学科最早于公元前2世纪左右出现在希腊语著作中。他在《占星四书》(Tetrabiblos)中详细论述了占星学,这部著作一开篇便讨论了天文学与占星学之间的关系。他解释说,《天文学大成》中所讨论的那种预测是基本的,而占星学所作的预测则依赖于前一种预测以获得构造天宫图所需要的准确数据。他描述和解释了天体影响地界事件的方式,从太阳和月亮对天气和植物生长的影响,一直到天体对个人生命的影响。他认为,宇宙万物是相互关联的,这是占星学起作用的原因。由于他相信人出生时的天体位置会影响个人性情,因此他认为占星学可以在医学中发挥重要作用。从整个中世纪到近代早期,占星学与天文学一直密切相关。我们不能因为今天的许多思想家反对占星学而看不到它为天文学的基础研究所提供的强大动力。

虽然欧洲的思想生活在公元后的最初几个世纪衰退了,但甚至在公元7世纪伊斯兰世界兴起之前,在巴格达和其他中东中心的阿拉伯天文学家就已经熟悉了希腊天文学。在8—9世纪,他们几乎把所有重要的希腊科学和哲学著作都译成了阿拉伯语。阿拉伯天文学家撰写了大量关于托勒密《天文学大成》的评注。他们把托勒密的数理天文学与占星学分离开来，认为占星学违背了宗教，因为天体的决定性影响（因果必然性）似乎限制了人和神的自由。他们对托勒密天文学的考察导致了对其工作的严厉批判，并且发展出了最终影响近代早期欧洲天文学的新数学方法。传播、翻译和转变再次协同进行。

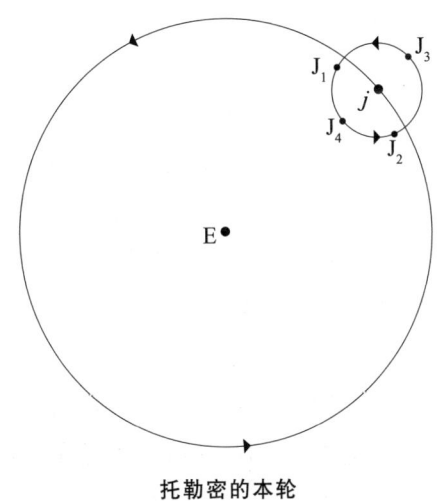

托勒密的本轮

行星围绕本轮以均匀的角速度移动，本轮中心在一个被称为均轮的更大的圆上。通过调整沿这两个圆运动的速度和方向，可以生成任何封闭曲线，从而解释包括留和逆行在内的行星的视运动。把黄道面相对于均轮平面进行倾斜，可以解释行星的黄纬运动，亦即行星与黄道的不同距离。

■图见 Arthur Berry, *A Short History of Astronomy from Earliest Times through the Nineteenth Century* (London: John Murray, 1898), p.70.

从托勒密写出《天文学大成》到阿拉伯天文学开始进行，时间已经过去了 700 年。在如此漫长的时间里，小的初始观测误差已经变得很大。为了纠正这些误差，阿拉伯天文学家用新发明的仪器作了新的观测。新观测和新发明的三角函数大大改进了托勒密在角度计算方面已经非常出色的工作,成为他们修正托勒密数学构造的基础。

托勒密天文学的一个重大问题是:《天文学大成》中的几何结构与只用了匀速圆周运动的《行星假说》的物理体系不相容,这也是托勒密的希腊继承者没能解决的问题。此外,观测结果与理论也不尽相符。托勒密曾在《天文学大成》中引入了一种被称为"偏心匀速点"(equant)的数学技巧,它似乎违背了正圆的承诺。托勒密用偏心匀速点来解释观测到的行星运动的不规则性。

到了11世纪,大多数阿拉伯天文学家都认为偏心匀速点是荒谬的,因为它意味着一个物理天球能在合适的位置围绕一根未经圆心的轴匀速旋转。几何模型的这一特征使之无法与天球的物理实在性相容。除太阳以外,托勒密在《天文学大成》中运用的每一个行星运动模型都采用了偏心匀速点。伊本·海塞姆(Ibn al-Haytham, 965—1040),即拉丁西方所谓的阿尔哈增(Alhazen),认真考虑了这个问题。他基于这样一种观念提出了新的天文学原理,即物理对象应当通过与其物理本性并不矛盾的数学模型来表示。从本质上讲,他认为数学是一种描述物理实在的语言,而不仅仅是一套为了拯救现象而构造出来的东西。他的方法无异于要求一种新天文学。虽然希腊人曾经用简单的数学构造来预测天体位置,就像我们用电子计算器来解决复杂的算术问题一样,但阿尔哈增坚持认为,行星运动的数学模型必须真实描述这些天体的实际运动。

托勒密模型至少又持续了两个世纪。13世纪时,乌尔迪(Mu'ayyad al'Dīn al-'Urdī, ?—1266)和图西(Naṣīr al-Dīn al-Ṭūsī, 1201—1274)证明了此前未知的几何定理,使天文学家能在

第一章 1500年以前西方的世界观

不违反匀速圆周运动的宇宙论原则的情况下描述天体的不规则运动。两人都在天文台工作，此天文台是蒙古人1259年在波斯的马拉盖(Maragheh)建立的，它既是重要的天文观测中心，也是更一般的学术中心。图西通过一种数学设计，即后来所谓的图西双轮(Tūsī-couple，这是由两个圆周运动合成一个直线运动的办法)，能在不违反匀速圆周运动原则的情况下解释太阳和其他行星的黄纬运动。阿拉伯天文学家继续发展了阿尔哈增对数学作用的改造，

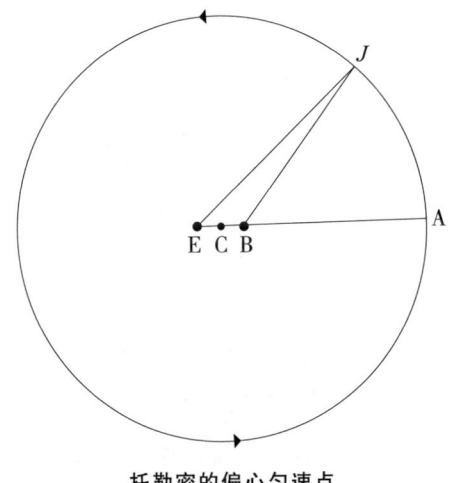

托勒密的偏心匀速点

托勒密引入偏心匀速点来解释行星、太阳和月亮轨道运动的不规则角速度。行星J以不规则的速度围绕地球运转，但围绕B均匀运转(角JBA均匀增加)。地球并不在中心。B与中心C的距离等于地球E与中心C的距离，不过在C的对面。从E看去，J的运动并不均匀。托勒密用偏心匀速点来解释观测到的行星运动的不规则性。后来的许多天文学家认为，托勒密使用偏心匀速点违反了匀速圆周运动的原则。

■ 图见 Arthur Berry, *A Short History of Astronomy from Earliest Times through the Nineteenth Century* (London: John Murray, 1898), p.71.

把数学当作一种描述物理现象的语言。一个世纪以后,来自大马士革的伊本·沙提尔(Ibn asch-Schatir,1304—1375)强调数学模型要与观测相匹配,从而把天文学重新规定为一门对真实的物理宇宙进行精确系统描述的学科。

也许是通过与能够阅读阿拉伯文的欧洲学者进行接触,16世纪欧洲的天文学家注意到了这些新的数学定理以及数学和天文学的地位变化。值得注意的是,阿拉伯学者并非把希腊天文学的"火炬"简单地传递到欧洲,而是通过自己的工作从根本上改变了天文学的学科地位和性质。

转变物质:古代和中世纪的炼金术

对各种物质属性的认识最早来自酿造、陶瓷、冶金等技术。在公元前4000年至公元前2000年之间,采矿、冶炼和生产青铜合金变得日益寻常,最初是在美索不达米亚和埃及,后来遍及整个地中海地区。虽然我们没有关于工艺的任何理论记录,但由这些技术产生了关于各种物质属性尤其是金属属性的大量经验知识。

作为解释自然界努力的一部分,早期希腊哲学家发展出了物质理论。亚里士多德和原子论者对化学史影响最大。亚里士多德说,所有物质均由不同比例的四种元素——土、水、气、火所构成。每一种元素都可以变成其他任何一种元素。亚里士多德还宣称,微粒尺寸有一个极限,微粒的形式由原初性质(冷、热、干、湿)所赋予。他把这些最小的微粒称为"最小单元"(*minima*)。低于这一尺寸,微粒就将恢复为原初质料。于是,亚里士多德的某些文本把物质描述成具有一种准微粒的本性,尽管亚里士多德及其追随者都拒绝接受德谟克利特和伊壁鸠鲁的原子论。亚里士多德还认为,金属是由地下的热作用于地球内部的呼气(exhalations)而形成的。

原子论者声称,一切物体均由在空的空间中运动的微观原子所构成。原子是不可分的,而且材料都相同。只有原子的形状有所不同。原子的形状、原子聚合而成的位形以及原子的运动产生了包括化学性质在内的宏观物体的一切性质。原子论者把化学变化解释为构成物质的原子的重新配置。

化学和炼金术起源于希腊化时期的埃及,亚历山大大帝(公元前356—前323)在希腊殖民地埃及建立的首都亚历山大城成了重要的学术和科学研究中心。3世纪的手稿中包含有各种化学和冶金工艺的秘诀,包括制备仿金银的合金和人造宝石的配方。炼金术的起源笼罩在神秘和传奇之中。许多炼金术文本的署名作者甚至可能并不存在。亚历山大城的学者,特别是伪德谟克利特(pseudo-Democritus,2世纪)、佐西莫斯(Zosimos Panopolis,3世纪)和犹太女人玛丽亚(Maria the Jewess,又称女先知玛丽亚[Maria Prophetissa],据说是摩西的姐姐米利暗[Miriam])提供的若干程序和实验仪器在后来的炼金术和化学中持续发挥着重要作用。蒸馏、升华、凝固等技术一直是炼金术操作的核心。索西莫斯等学者以隐喻式的风格描述了化学过程,这一特征在后来的炼金术著作中变得很常见。

除了描述制备金银仿制品的技术,亚历山大城的学者还描述了从铅和铜等贱金属制备金银的程序。手稿嘱咐操作者首先要制备一种被称为"哲人石"的物质,通常是一种粉末。直到17世纪,寻找哲人石都是炼金术士的核心目标。

8—9世纪的阿拉伯学者把希腊的大量科学和哲学文献译成阿拉伯语时,还翻译了不少希腊的炼金术文本。事实上,"炼金术"一词源于阿拉伯语词 al-kīmiyā,它是由阿拉伯语的定冠词 al 和表示化学的希腊词 chymia 组成的。在其他知识领域,阿拉伯学者不仅翻译了希腊著作并为之作了评注,而且写了关于炼金术的原创作品。炼金术的两个最著名的作者是贾比尔(Jabīr ibn-Hayyān, 721—815)和拉齐(Muhammad ibn-Zakariyā ar-Rāzī,在西方被称为 Rhazes,约865—约925)。贾比尔也许并没有写出被归于他的2000本书,后来的作者可能把自己的著述归之于他。事实上,他的名字甚至可能并不对应于一个真实的人。

贾比尔的著作基于亚里士多德的元素理论,把元素当成可从更复杂的物体中分离出来的具体物质。根据这一理论,世间万物都是由这些元素按照特定的比例构成的。这些著作描述了计算任何一种物质中元素比例的精确定量方法。可以通过各种化学过程来提取物质的构成元素,然后把它们重新组合成其他种类的物质。这种物质理论为金属嬗变的观念提供了理论基础。

贾比尔在另一本书中指出,金属由汞和硫组成。根据亚里士多德的地下呼气理论,这一理论声称,两种地下呼气发生凝结,湿的呼气变成汞,干的呼气变成硫。由此产生的汞和硫结合起来形成了各种金属,金属之间的差异源于不同比例的汞和硫的成分。当杂质污染了混合物时,就会产生另一种更贱的金属。这一理论的各种版本一直存在到18世纪。

拉齐曾先后在波斯的赖伊（Rayy）城和巴格达担任医院院长，他的名声主要是撰写医书。除此之外，他还写了几部重要的炼金术论著，对物质作了分类，描述了炼金术所使用的设备和技术。他接受了汞/硫金属理论，并且讨论了金属的嬗变。后来非常有影响的医学作家伊本·西纳（'Alī Abū al-Husayn Ibn 'Abdallāh ibn Sīnā，980—1037），即拉丁世界所谓的阿维森纳（Avicenna），也写了炼金术著作。他接受了汞/硫金属理论，但拒不承认嬗变的可能性。他援引亚里士多德关于自然与人工的区分，声称炼金过程不可能完全复制自然界中黄金的产生。

拉丁西方的学者最初把大量阿拉伯语著作译成拉丁语时，还包括了许多炼金术论著。对阿拉伯炼金术著作的了解改进了欧洲在金属、玻璃和染料等方面的现有工艺。由于阿拉伯语作品有极大的权威性，许多欧洲炼金术士写完著作后会把它们归于一个被称为盖伯（Geber）①的人，导致一些读者认为，贾比尔实际上就是这些作品的作者。事实上，最近的学术研究已经确定，被归于盖伯的一些非常有影响的论著的实际作者是一位名不见经传的意大利方济各会士塔兰托的保罗（Paul of Taranto，13世纪）。保罗或伪盖伯（pseudo-Geber）比阿拉伯学者更有兴趣发现化学现象的真正原因。在有时被视为中世纪炼金术圣经的《完满大全》（*Summa perfectionis*）中，他系统阐述了关于金属和矿物的现有知识以及提纯和加工方法。他对贱金属嬗变成黄金以及制备哲人石作了大量讨论。其理论基础是汞/硫理论与亚里士多德"最小单元"理论的

---

① Geber 为 Jabir 的拉丁化写法。——译者注

结合。他用最小单元的行为来解释观察到的各种物质的属性以及化学变化。

撰写炼金术论著的中世纪思想家还有大阿尔伯特（Albertus Magnus，1193—1282）、罗吉尔·培根（Roger Bacon，1214—1285）、鲁庇西萨的约翰（John of Rupescissa，约1310—约1364）等人。罗吉尔·培根认为，炼出来的金比自然的金更好，炼金术能够产生一种包治百病的万灵药。鲁庇西萨的约翰认为，可以通过炼金术从溶解在矿物酸中的金属中提取"精华"，因此主张使用化学药物，这一建议不再像传统那样强调草药治疗。

描述世界：博物学

托勒密研究天和地，亚里士多德却关注地球上的居住者。传统博物学作为一门研究和描述自然界事物的学科，其根源可以追溯到亚里士多德的《动物志》、《动物的部分》、《动物的运动》和《动物的产生》等著作。动物的形式或灵魂这一核心概念支配着亚里士多德的博物学研究方法。通过描述动物的本质特征，而不是寻求不同物种之间的关系，亚里士多德对动物群体作了区分。在后来学者的解释中，亚里士多德的描述构成了一种分类方案，但亚里士多德本人并没有发展出这样一个系统。

亚里士多德根据生殖模式和是否有血来描述动物。有血的动物包括多毛的四足动物、鸟类、爬行动物、两栖动物和鱼。多毛的四足动物能够生出活的幼小动物。其他种类的动物则是卵生。他区分了有完善的卵（有硬壳的卵）和不完善的卵（无硬壳的卵）的动物。同样,他把无血的动物分成有完善的卵的动物(章鱼、乌贼和甲壳类动物)和有特殊的卵的动物(昆虫、蜘蛛和蝎子)。亚里士多德认为,软体动物等一些生物是从生殖黏液中生成的,而海绵动物和水母等则是自然发生的产物。

亚里士多德对博物学采取了一种目的论方法,也就是说,他认为动物的部分作为其形式的表达要适合于某些目的。例如,眼睑和睫毛存在是为了保护眼睛,肺存在是为了调节体内热量。正因为动物的部分是其基本形式的表达,所以在生殖过程中,动物的形式才由亲代传给后代。生产与亲代相似的后代是生殖过程的目的或目的因。根据亚里士多德的说法,自然界中的这种目的性并非智能设计的产物;自然的展开就是目的本身,是显示于生物界的质料、形式和四因的结果。

亚里士多德的学生、弟子兼吕克昂学园的继任者塞奥弗拉斯特(Theophrastus,约公元前380—前287)把老师的规划扩展到了植物世界。就像亚里士多德对动物所作的那样,塞奥弗拉斯特也对多种植物作了描述和分类。他的描述建立在仔细观察的基础上,不过他并未过分沉迷于构造理论或解释他所观察到的现象。

生活在小亚细亚的希腊医生迪奥斯科里德斯(Pedanius Dioscorides,约40—90)对植物作了更专门的研究,且特别关注药用植物。作为随同尼禄皇帝的罗马军队出征的外科医生,迪奥斯科里德斯走遍了欧洲和北非的许多地方,看到了数百种植物。他在《药物论》(*De materia medica*)中简洁而全面地记录了这些信息,这部著作在整个中世纪都是关于草药的权威文本。

与试图理解事物本性的亚里士多德不同,罗马作家老普林尼

(Gaius Plinius,23—79)希望描述世界上的所有事物。据说他曾与一位秘书一同游历,这位秘书负责记录他的想法和对各种生物的描述,无论是真实的还是传说中的。受不知餍足的好奇心驱使,普林尼来到了维苏威火山,结果在 79 年摧毁了庞贝城的那场著名的火山喷发中丧生。普林尼对自然作过泛泛的思考,认为它受制于神的支配。他写了《博物志》(*Natural History*)来描述自然界,这部著作的现代版长达 10 卷。在他人著作以及自己观察的基础上,普林尼详细描述了动物,揭示了自然造物的精巧和完美。他经常强调动物与人的关系,其论述中既有认真的观察,也往往不乏臆想。为了说明其做法,我们可以看看他对海狸的描述,猎人们认为海狸的睾丸有特殊的能力,所以很重视这种动物。

25

黑海的海狸在遇到危急情况时会自行切掉睾丸,因为海狸知道这是他们想要的东西。医生们称这种东西为海狸香。此外,被这种动物咬伤是很可怕的;它们的牙齿可以像刀子一样咬断河岸的树木。倘若其身体的某个部分抓住了一个人,它们将永不放松,直到用牙齿把这个人咬得粉身碎骨。它们的尾巴像鱼,身体的其他部分像水獭,这两种动物都是水生动物,而且毛发比绒毛还要软。①

在基督教的中世纪,关于动植物的主要假设源于古典文献与

---

① Pliny the Elder, *The Natural History*, ed. John Bostock and H.T.Riley (London: H.G.Bohn,1855-1857),pp.2297-2298.

《圣经》说法的结合。根据《创世记》第一章，上帝创造了地上和海洋中的所有生命，"各从其类"。所有这些生物都有形式或本质。亚当在伊甸园的工作是为所有动物命名。亚当堕落前能够完全掌握上帝的知识，因此能够根据动物的实际本性为其命名。名称是很重要的。由于强调本性，《圣经》的说法影响了对自然界的研究，强化了亚里士多德传统，因为本性或形式的概念在其中起着关键作用。然而，普林尼是中世纪大多数博物学论述的来源。

早期的基督教作家采纳了普林尼的许多描述，并把它们变成了说明教义的寓言。由无名氏创作于2世纪中叶的《博物学家》（*Physiologus*）是最有影响力的基督教化的野兽书籍之一，其中包含了这种做法的大量例子。这本书在中世纪非常流行，先是从希腊文原文被译成了拉丁语，然后又被译成了许多其他语言。在这部著作中，对动物特点和习性的描述变成了基督教的寓言。以下是作者对普林尼海狸描述的采用和转化：

> 海狸这种动物极不伤害人，非常安静。它的生殖器可以入药，国王的宫殿里可以见到它。海狸如果看到山上的猎人急于追捕，会咬掉自己的生殖器抛给猎人。如果后来碰巧被另一个猎人追上，它便会仰面朝天把自己显示给猎人看。看到海狸没有生殖器，猎人便会离开它。
>
> 哦，有男子气概的你啊。哦，神的臣民啊，如果你把猎人的东西给了猎人，他就不会再接近你。如果你有走向罪恶、贪婪、通奸、偷窃的邪恶倾向，那么赶紧远离它们，把它们交给魔鬼。保罗说，"凡人所当得的，就给他。当得税的，给他上税。

当恭敬的,恭敬他"等等[《罗马书》13:7]。让我们先把自己内心中罪的耻辱抛给魔鬼,因为这是他的作品,让我们把神的东西给神,把祈祷和我们善功的果实给神。①

解释人体:希波克拉底和盖伦的医学

除了天文学家、哲学家和博物学家对天地和地球居民的描述和解释,古代医学思想家还研究了一类非常重要的主题,那就是对人及其形式的解释。在希腊世界,医学思想有三大主流:与崇拜神话中的半神阿斯克勒庇俄斯(Asclepius)相联系的治疗传统、希波克拉底的医学传统以及由盖伦发展起来的以生理学和解剖学为基础的医学传统。希波克拉底和盖伦的思想影响了整个中世纪和近代早期的医学。

根据古代传统,希波克拉底写了大约 60 部著作。事实上,其中许多作品是他之后 200 年间的其他作者所写。所谓的《希波克拉底文集》涵盖了医学的许多方面,包括了对各种疾病的诊断和治疗以及医学伦理。体液理论是希波克拉底医学的基础。这种理论假定存在着四种体液:血液、粘液、黄胆汁、黑胆汁。这些体液的平衡与否将会导致健康或疾病。每一种体液都是由两种原初性质构成的。因此,它们类似于亚里士多德的元素。相应地,血液像气一样是湿和热;粘液像水一样是湿和冷;黄胆汁像火一样是干和热;

---

① *Physiologus*, trans. Michael J. Curley (Chicago: University of Chicago Press, 1979), p.52.

黑胆汁像土一样是干和冷。希波克拉底学派的医生把体液与元素、季节和亚里士多德的原初性质联系起来。

气候、饮食不当以及其他环境因素都可能导致体液失衡。虽然身体有自行纠正体液失衡的倾向，但饮食、运动和偶尔服药可以帮助恢复和维持平衡。体液理论和不干预治疗的观念影响了几个世纪的医学思想。在整个中世纪和文艺复兴时期，希波克拉底的医学和体液理论一直流行于阿拉伯世界和欧洲。

希腊医学思想的另一个传统导向了解剖人体，以了解身体是如何运作的。解剖人尸体的机会因时而变，这要取决于当时流行的宗教态度。卡尔西顿的希罗菲洛斯（Herophilus of Chalcedon，约公元前350—前280）和希俄斯的埃拉西斯特拉图斯（Erasistratus of Chios，约公元前310—前250）进行过解剖，在埃及的亚历山大城可能还作过活体解剖。希腊殖民统治者曾在亚历山大城建了一个很人的图书馆和博物馆，在大约8个世纪的时间里一直是重要的研究中心。他们的人体解剖学研究包括研究大脑和神经系统以及对心血管系统进行描述和实验。

2世纪的医生盖伦写了许多著作，讨论了医学的方方面面，在解剖学和生理学领域变得尤其有影响。他介绍了解剖的方法，详细描述了人体。除了在帕加马作为医生为角斗士疗伤，盖伦很少有机会进行人体解剖，这是因为接触尸体和切割身体是禁忌。因此，他用动物解剖来替代人体解剖。盖伦知道这种方法可能会导致错误，其中世纪追随者也不够细致，延续了一些错误。他的工作在一些重要方面类似于亚里士多德的工作。其生理学明显是目的论的。盖伦认为，通过表明身体的每个部分都有其用处，他已经提出了一种强有力的论证来反驳宇宙的运作是偶然的。相反,他认为自然显示出了智慧和智能。

盖伦的生理学建立在热是身体的活力之源这样一种观念基础之上。生命功能通过三种精气——植物的、动物的和理性的——来实现。在人体中,肝脏、心脏和大脑这三个主要器官会改变普纽玛(pneuma,一种空气般的物质),并把由此产生的精气经由静脉、动脉和神经这三种导管传遍全身。肝脏改变普纽玛以形成维持生长和营养的营养灵魂(nutritive soul)[①]或自然精气(natural spirits)。心脏和动脉维持生命热(vital heat)[②],并把生命热连同生命精气(vital spirits)传遍全身。大脑把生命精气提炼成动物精气(animal spirits),经由神经传遍全身,以维持感觉和运动。

根据盖伦的说法,心脏占据着他认为彼此完全分离的静脉系统与动脉系统之间的核心位置。早期的解剖学家曾指出其结构差异。盖伦认为,这些结构差异暗示了功能上的差异。他认为,心脏右侧连接着静脉系统,左侧连接着动脉系统。

静脉系统的功能是为身体的各个部分提供营养。人咽下食物后,在胃里进行加工。门静脉把消化后的食物带到肝脏。肝脏对消化后的食物进行提炼,将其转化为血液,潮涨潮落的血液经由静脉为身体的各个部分提供营养。各个器官吸引血液,造成了血液的涨落。肝脏提炼过程中产生的废物经由腔静脉进入心脏的右心

---

① 即前面所说的生长灵魂(vegetative soul)。——译者注
② 生命热(vital heat),又称天然热(natural heat)或固有热(innate heat)。——译者注

房,再由右心房进入右心室,然后经由盖伦所谓的动脉性静脉(肺动脉)到达肺部。动脉性静脉具有动脉的结构,但因其位于心脏的右侧,盖伦认为它是静脉系统的一部分。当血液到达肺部时,废物被排出身体。

心脏左侧经由主动脉连接着动脉系统。肺部处理后的空气变成了普纽玛,这是一种假想的精气,赋予身体各个部分以生气。普纽玛经由静脉性动脉(肺静脉)被从肺部输送到心脏的左心房。动脉血从心脏获得普纽玛,变得比静脉血更加鲜红和稀薄。主动脉主动吸引血,就像风箱吸入空气一样。主动脉的这一活动解释了脉搏。动脉血从主动脉进入动脉系统的其余部分,把这种赋予生命的精气和生命热带到了身体的各个部分。血液在动脉系统中潮涨潮落,心脏吸引血液时处于舒张状态。

由于静脉系统需要被赋予生气,动脉系统需要得到滋养,盖伦认为,必定有少量血液从每一个系统进入了另一个系统。他假定分隔左右心室的心脏隔膜中存在着微小的孔隙(希腊文:*anastomoses*),血液可以经由这些孔隙从一个系统进入另一个系统。他认为自己已经证明,静脉系统和动脉系统之间必定存在着一种连接,因为切断动脉会导致静脉和动脉变空。

希腊著作一直影响到中世纪的医学思想。阿维森纳不仅写了炼金术和哲学著作,而且写了医学著作。他的《医典》(*Canon of Medicine*)是一部关于医学理论和实践的全面论述,是希腊医学的重要媒介。《医典》吸收了希波克拉底、盖伦、迪奥斯科里德斯等人的思想,也补充了早期阿拉伯医学家的思想。阿维森纳的医学著作极大地影响了阿拉伯传统,在12世纪被译成拉丁语后深深地影响了欧洲思想家,后者把阿维森纳称为"伊斯兰世界的盖伦"。

把希腊语和阿拉伯语著作翻译成拉丁语不仅对研究发生的体制背景有巨大影响,而且对科学和自然哲学的内容产生了巨大影响。亚里士多德、托勒密和盖伦的著作主导着中世纪大学,因为这些著作(先从希腊语被译成阿拉伯语,后来又从阿拉伯语被译成拉丁语)构成了中世纪课程的基础。它们规定了学科的性质和分类以及研究课程。亚里士多德的自然学著作规定了自然哲学这门学科,排除了数学以及像天文学和光学这样的数学学科。这些学科被称为混合数学,因为它们把观察方法与数学的方法和主题结合了起来。医学有医学院,它尽管包含着许多自然哲学思想,但未被视为自然哲学的一部分。博物学在大学课程中根本没有位置。炼金术也没有位置,炼金术士是在其他背景下从事这一活动的。

在中世纪和以后的一段时期,神学对于自然哲学至关重要,因为亚里士多德哲学被用来解释基督教教义的各个方面。自然哲学研究上帝的创造。关于自然界的大多数讨论都会假设上帝设计和创造了世界,并继续以神意照料它。例如,中世纪的自然哲学家们修改了亚里士多德关于世界永恒的说法,以便允许上帝创世。他们用亚里士多德的物质和变化理论来解释基督真实存在于饼和酒的圣餐之中。人的灵魂的理性和不朽催生了关于人与动物之间差异的讨论。自然哲学包括一些会被我们认为是神学的主题,这并非因为压制性的教会强行规定将其列入,而是因为有些神学主题是自然哲学的重要组成部分。

14世纪中叶以后,情况开始发生变化,变化在于认识世界的方法。从意大利开始的文人学者寻求没有遭到多重翻译破坏的古代作品的希腊文和拉丁文原始版本。教会内部的教义争论和政治纷争导致了宗教的动荡。不为古代作家所知的陆地相继被发现，传统的认识世界方式逐渐被瓦解。

第二章　变革的气息：寻找一种新的自然哲学

在 16 世纪和 17 世纪初,欧洲的思想生活发生了很大变化。许多思想家都在积极明确地寻求一种新自然哲学,以取代因为若干重要的新事件而渐渐不受青睐的亚里士多德主义。文艺复兴时期的人文主义、宗教改革、发现新大陆以及哥白尼天文学都以各自的方式为传统世界观的瓦解作出了贡献。

复旧立新:文艺复兴时期的人文主义

从 14 世纪末开始,主要是在大学以外,学者们越来越意识到经由许多译本从古代世界传到拉丁西方的古代书籍所遭受的文本破坏。正如我们已经看到的,希腊原始文本最早于 8—9 世纪被译成阿拉伯语,然后在 12—13 世纪被译成拉丁语。翻译和抄写的错误不可避免地悄悄潜入了这些文本。随着书籍被人辗转翻译和抄写,这些错误渐渐积累起来。在许多情况下,拉丁翻译家只是把阿拉伯术语进行音译,因为等价的拉丁词并不存在。今天我们英语中的"代数""算法""炼金术""炼金药""酒精"等一些词会使我们想起这些翻译。

第二章 变革的气息：寻找一种新的自然哲学

许多学者试图搜寻未受陆续翻译影响的古代著作原始版本来解决这些文本问题。在这种后来所谓的人文主义运动的第一阶段，学者们遍访修道院和图书馆以寻找最古老的希腊和拉丁文本。通过比较同一作品的不同手稿，他们编订了自认为最好和最准确的经典著作版本。

由于认为这些古代著作优于新近的作品，人文主义者试图模仿古典作家的语言和风格。他们创造了"中世纪"一词来表示介于希腊罗马的黄金时代与他们自己时代的文化复兴之间的一个时期。人文主义者特别欣赏罗马演说家、修辞学者、哲学家马库斯·图利乌斯·西塞罗（Marcus Tullius Cicero，公元前106—前43）的作品，并模仿他的拉丁散文风格，这种风格的精致程度远远超过了中世纪发展出来的较为朴素的拉丁文风格。他们还认为，古老程度是衡量一个文本重要性的标准，因为他们相信，古代文本最古老的手稿可能与原稿最为接近。这种态度影响了他们对历史以及自身学术成就的看法。

早期的人文主义运动强调文学作品，而不是构成中世纪大学课程基础的逻辑和哲学。后来的人文主义者则把他们的学术技巧应用于哲学和科学文本。于是，自然哲学家们得以看到许多与亚里士多德哲学不同的文本，他们正积极寻求一种新的自然哲学以取代亚里士多德的自然哲学。这些重见天日的著作提供了思想母体，以便学者们提出新的认识世界的方式。

有时人文主义会产出惊人的学术成果。大约在1460年前后，马西利奥·菲奇诺（Marsilio Ficino，1433—1499）正全神贯注地编辑一个新的柏拉图对话版本，此时赞助他的科西莫·德·美第奇

(Cosimo de'Medici)给了他一些希腊文手抄本,这是一个修士从马其顿带回来的。科西莫吩咐菲奇诺放下柏拉图,把注意力转向这些新发现的文稿。是什么任务比翻译最重要的古希腊哲学家之一柏拉图的著作更为紧迫?那位修士所交付的书籍据说是三重伟大的赫尔墨斯(Hermes Trismegistus)所著,希腊人和罗马人认为他是一个半神半人,是一个俗女子和埃及神托特(Thoth)所生的儿子,是诸神的文书和智慧之神。由于赫尔墨斯著作中提到了救主以及各种希腊哲学学说,因此人文主义者认为它们与摩西五经一样古老,而且有预言性。

事实远没有那么激动人心。这些著作实际上写于2—3世纪,这是研究希腊的著名学者伊萨克·卡佐邦(Isaac Casaubon,1559—1614)于1614年确定的事实。卡佐邦通过认真分析文本的语言和引文而修正了赫尔墨斯著作的年代。他表明,赫尔墨斯著作中包含着一些在基督教时代之前未曾出现的希腊文语词。尽管卡佐邦做了细致的学术分析,但从菲奇诺时代到17世纪,这些著作一直追随者甚众。

赫尔墨斯著作基于占星学的宇宙论描绘了一种魔法的宇宙观,对创世给出了一种类似于柏拉图《蒂迈欧篇》中的说明。在其描述的世界里,恒星和行星对应于特定的金属、矿物、植物和人体部分。这些著作解释了在赫尔墨斯魔法上训练有素的魔法师如何能够穿过天球飞升到与上帝合一,从而在精神方面逃过星辰的致命影响。在实践方面,一些赫尔墨斯著作描述了如何把渴望得到的影响吸引到护身符——由特殊材料制成的刻有象征性图案的物体——中,从而为了世俗目的而运用天界的力量,比如吸引情人或

第二章 变革的气息:寻找一种新的自然哲学

保证身体健康。天地之间的对应是赫尔墨斯宇宙论的关键。地球上的矿物、植物和宝石等个别物体包含着它们所对应天体的记号。理解天地之间的对应以及世间万物之间象征关系的内行人能够读懂这些记号,从而获得关于特定对应的知识。通过为赫尔墨斯哲学补充赋予数和语词以象征意义的毕达哥拉斯命理学和犹太教卡巴拉神秘学(Cabala)的要素,许多赫尔墨斯主义者丰富了这一传统。当今的"新时代"(New Age)信念正是源于这一传统。

15世纪中叶印刷术的发明使古代文本得到了永久恢复。在印刷术产生之前,所有文本都是手工复制的,人文主义者的编辑工作往往付诸东流。例如,1417年人文主义者波吉奥·布拉乔利尼(Poggio Bracciolini,1380—1459)发现了罗马诗人卢克莱修(Titus Lucretius Carus,公元前99—前55)《物性论》(De rerum natura)的一份手稿。这部著作提出了物质的原子理论,最终将对17世纪的自然哲学产生重要影响。布拉乔利尼以手稿流传的工作只有少数副本,这部诗作很快便再次被忘却。直到1473年被印刷出来,卢克莱修的诗作才得以幸存。

学者们还用人文主义的方法来恢复关于科学和医学的古典著作,这些著作的印刷版本最终引发了新的研究。手稿在中世纪广为流传的普林尼的《博物志》于1469年被印刷出来。克雷莫纳的杰拉德(Gerard of Cremona,1114—1187)于12世纪翻译的托勒密《天文学大成》的印刷版本于1515年问世。希腊文版本的盖伦医学著作于随后的1525年问世。希腊数学家阿基米德(公元前287—前212)的著作出现在16世纪中叶。希腊文版本的欧几里得《几何原本》于1533年在巴塞尔问世,拉丁语译本于1572年出版。这些文本重新唤起了人们对这些学科的兴趣,至少部分促成了自然哲学和科学在17世纪的繁荣。医学研究,特别是人体解剖,有力地表明了人文主义对古代文本的重新发现如何影响了科学的后续发展。

虽然盖伦曾对研究和解剖人体的程序有过大量论述,但他很难接触到人的尸体。此前仅在希腊化时期(公元前4世纪—前1世纪)的亚历山大城出现过作为研究方法的实际人体解剖。中世纪的医学课程虽然在14世纪实际包括了人体解剖,但它旨在说明古代的解剖学文本,而不是收集有关人体的新的信息。

15世纪和16世纪初教科书中的解剖学插图既强调这种态度,又强调教授(阅读古代文本的文人学者)与外科理发师(实际解剖尸体的技工)之间的距离。医学教授在高处朗读古代文本,主持解剖,尸体平放在讲台下方的一张桌子上。被称为示教者(ostensor)的第三个人指向身体的相关部位,指导外科理发师做实际的解剖工作。作为技工的外科理发师属于行会——工匠或技工的协会。技工和专家处于不同的社会阶层。作为专家的教授们不必亲手工作。他们朗读盖伦的著作,而技工们实际进行解剖。由此产生的劳动分工以及教授与尸体的距离意味着,教授不会知道盖伦著作中的解剖学描述与人体的实际结构之间存在着不一致。

如何解释这种对解剖学的态度呢?除了把教授的学术工作与技工的手工劳动分开的社会因素以外,医学理论也促进了这些做法。由于希波克拉底的体液理论主导着医疗实践,医生们并不认为解剖学知识与疾病和健康问题有关。虽然盖伦本人认为解剖是理性认识人体的关键所在,但他并不认为解剖是为了挽救人的生命。这两种态度的综合影响强化了这样一种看法,即人体解剖学研究没有实用价值。因此,从事解剖学研究似乎是没有意义的。

人文主义者重新获得盖伦的著作最终使这一学科发生了革命。安德烈亚斯·维萨留斯(Andreas Vesalius,1514—1564)恢复了盖伦在其《论解剖程序》(On Anatomical Procedures)一书中所主张的解剖方法。维萨留斯在巴黎大学的老师安德纳赫的约翰·君特(Johann Guenther von Andernach,1487—1574)和雅各布·西尔维乌斯(Jacobus Sylvius,1478—1555)着手恢复盖伦的书籍。虽然君特提倡盖伦的解剖方法,但并没有按照他实际所讲的去做。关于君特,维萨留斯后来这样写道:"我不介意遭受我所目睹的他对人或其他野兽(除了在宴会桌上)所作的那么多切割。"[1]而西尔维乌斯则亲自做了一些解剖,认识到他所观察到的内容与盖伦文本内容之间的差异。由于不愿挑战古代权威,西尔维乌斯对这些差异的解释是,在盖伦作出那些发现以来的1400年里,人体已经发生实际改变。西尔维乌斯把维萨留斯引入了解剖实践。在巴黎的第三个年头,维萨留斯亲自进行了解剖。据说由于很难获得人的尸体,维萨留斯和他的学生们曾经盗掘坟墓以获取标本。他们在迁移巴黎城墙期间"无罪者墓地"(用于埋葬瘟疫的受害者)的新址发现了大量人骨。

---

[1] J.B. de C. M. Saunders and Charles D. O'Malley, *The Illustrations from the Works of Andreas Vesalius* (Cleveland: World Publishing, 1950), p.13.

1537年,维萨留斯担任了帕多瓦大学这所欧洲最负盛名的医学院的解剖学和外科手术教席。维萨留斯讲课时抛弃了传统做法,亲自进行解剖。由于可以亲手操作,亲目观察,他发现了盖伦人体描述中的错误。维萨留斯甘愿承认盖伦的确犯了错,这与西尔维乌斯的保守主义形成了鲜明对比。

为了便于人体解剖教学,维萨留斯发表了《解剖图谱》(*Tabulae anatomicae*,1538),这是供医科学生使用的6幅大型人体解剖图。他并不打算用这些图来取代对人体的解剖和直接观察,而是旨在说明文本。这部著作是对盖伦生理学体系的第一次阐述,也是在解剖学书籍中使用细节详图的第一次重要尝试。显然,印刷术对这样一部著作的出版至关重要,因为它可以实现相同插图的准确复制。

维萨留斯的工作在《论人体构造》(*De humani fabrica corporis*,1543)中达到了顶峰,这部著作以他本人的观察为基础,用丰富的插图完整地描绘了人体解剖。维萨留斯非常详细地描述了人体,纠正了他在盖伦著作和中世纪文献中发现的许多错误。他这本书旨在作为一本教学手册认真描述自己的解剖方法,使读者能够重复他的做法。维萨留斯按照盖伦曾经建议的顺序,先是描述了构成身体框架的骨骼,然后描述了肌肉、血管系统、神经、胃肠道系统、各种膜和腺体,最后是脑。他实际的解剖做法与他的教导有所不同。在甲醛等防腐剂发明之前,必须在处理肌肉和骨骼之前解剖最有可能腐烂的腹腔和内脏。由于维萨留斯认为构造是功能的关键,所以与解剖学带有很深目的论色彩的盖伦相比,他更少利用目的因或目的。为了突出人体解剖的细节,他还广泛利用了比较解剖学。

第二章 变革的气息:寻找一种新的自然哲学

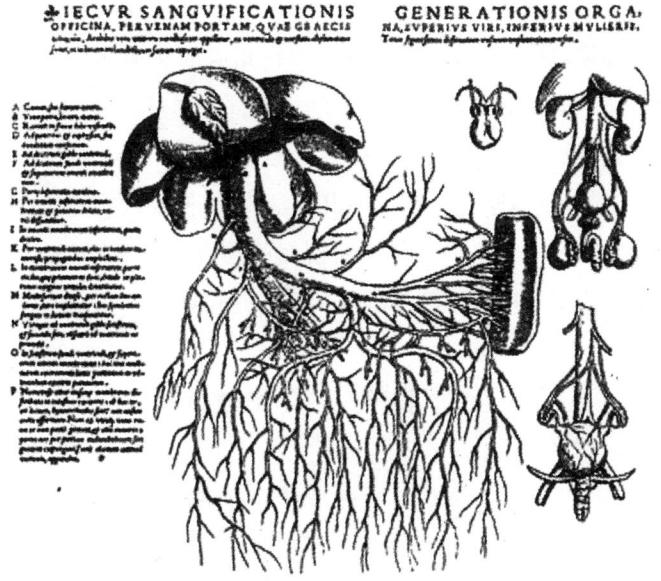

维萨留斯《解剖图谱》中的一幅图

在《解剖图谱》中,由于标准化术语尚不存在,维萨留斯用源自拉丁语、希腊语、希伯来语和阿拉伯语的术语仔细标记了身体的部位。维萨留斯至少亲手绘制了一半插图,这表明他正在从接受盖伦的权威过渡到依靠自己观察的权威性。这里复制的插图清晰表现了他思想中的这种张力。当他在图片侧面的一张小图中把注意力集中于泌尿生殖系统时,他在不显著的位置把肝脏准确地描绘为两叶。然而,他在同一张纸上还画了五叶肝脏,因为当他把注意力集中于肝脏时,他的思想受到了盖伦预设的影响。

■图见 Andreas Vesalius, *Tabulae anatomicae sex*(Venice: B. Vitalik, 1538), table 1.

由专业艺术家绘制的高品质的《论人体构造》插图令人惊叹。利用这些插图,维萨留斯继续解决术语问题:他把用拉丁文或希腊文名称来表示的解剖部位进行标准化,并用字母或数字对这些部位进行标记,这些字母或数字将出现在相应的文本部分。这种把插图与文本明确联系起来的技术是一项重要创新。

在处理解剖时,维萨留斯打破了延续了数个世纪的对古代文本作评注的传统,坚持要亲自作出观察,从而使权威接受检验。只有当盖伦的原始文本得到仔细而彻底的检查之后,解剖的方法和利用的这些变化以及新教学法的革新才是可能的。

革新教会:宗教改革

在16世纪之前,西欧的所有基督徒都隶属于罗马天主教会。在中世纪,教会已成为拉丁西方首要的集权机构,控制着大多数教育机构,充当着西欧基督徒的神学权威。虽然教会内部产生过分歧和争论,但对其权威的持续挑战直到16世纪初出现。在某种意义上,与文艺复兴时期的人文主义者相类似,16世纪的宗教改革家也想改善宗教的状况,他们认为宗教在中世纪已经被败坏。为了净化基督教,消除中世纪增添的东西,他们试图回到早期教会的信仰和做法。

马丁·路德(Martin Luther,1483—1546)是一个具有深刻精神关切的人,他感到教会的某些物欲横流甚至商业性的做法令人厌恶。1517年,作为奥古斯丁会修士的路德在维滕贝格城堡教堂大门上张贴了《九十五条论纲》,希望同教会当局就这些论题进行辩论。他强调信仰的重要性和《圣经》的权威性,而不是外在的显示。虽然他最初的抗议是呼吁教会内部的改革,但不断升级的论战最终导致他被罗马天主教会革除教籍,并且建立了一个新的路德教会,其神学和做法都显著背离了传统天主教。

路德仅仅把宗教建立在信仰和《圣经》的基础之上,主张他所谓的"信徒皆教士"。这一口号表达了他的一种看法,即任何信徒都有权解释《圣经》。这代表着与天主教传统的彻底决裂,因为天主教把解释《圣经》的权威归于教士。中世纪的《圣经》是拉丁文本,从未被翻译成普通民众的语言。路德认为信仰和《圣经》是宗教权威的唯一来源,他把《圣经》翻译成了他的母语德语,以使所有信徒都能看懂。他还修改了圣礼的数量和性质,并允许教士结婚。

德国——现在的德国在16世纪大约由1700个公国和独立城市所组成——许多君主都把路德宗当做他们领地的官方宗教,以把教会据守的广袤土地为己所用。他们还希望不与罗马分享世俗权力。因此,宗教改革运动的蔓延既与宗教信仰有关,也与政治和经济有关。

路德吸引了众多追随者,在下一代人中又出现了其他几位宗教改革家。其中最重要的是让·加尔文(Jean Calvin,1509—1564)。和路德一样,加尔文也与罗马天主教会决裂,但在教义和做法上,他的许多观点都不同于路德。加尔文强调对上帝的认识,认为可以通过研究创世而增强这种认识。

和人文主义者一样,宗教改革家设法到过去——这里指早期教会——寻找前进的道路。16世纪中叶,宗教改革家已经严重破坏了基督教世界,以至于罗马天主教会在1545年与1563年之间召集主教召开了特伦托会议,以确定教会如何回应改革者的挑战。最后,会议否决了多项改革,从而导致了基督教世界的永久分裂。

特伦托会议之后,在所谓的反宗教改革运动中,天主教会开始与新教作斗争,并且消除了自身队伍中一些更加恶名昭彰的弊端。

军人出身的西班牙牧师依纳爵·罗耀拉(Ignatius Loyola,1491—1556)于1540年建立的耶稣会充当了反宗教改革运动的先锋。该修会的成员被称为耶稣会士,他们成为一个教学阶层,在整个欧洲建立学院来教导贵族的儿孙,并推进他们所认为的真正的基督教。耶稣会士们受过良好教育,在神学、哲学和自然哲学方面产出了许多重要作品。

宗教改革对于欧洲历史的意义无论怎么强调都不为过。它对科学史也产生了深远的影响:它提出了谁有权解释《圣经》的问题,关于世界知识的基础问题,关于《圣经》说法与自然知识之间的关系问题。宗教改革家质疑了教会的权威性,宣称每个人都有能力阅读《圣经》,都能为自己解释《圣经》。在特伦托会议上,教会重新肯定了其传统立场,宣布解释《圣经》的权力仍然掌握在教会手中。天主教神学家预言,宗教改革将会导致宗教的无政府状态,因为由"信徒皆教士"无法产生在众多解释之间进行选择的标准。新教徒以质疑教会的权威来源进行反驳。古典怀疑论哲学家著作的重新获得加剧了《圣经》解释的冲突。

16世纪60年代,人文主义学者重获得了塞克斯都·恩披里柯(Sextus Empiricus,活跃于公元200年左右)的《皮罗怀疑论纲要》(*Outlines of Pyrrhonism*),这是一部对古代哲学家进行怀疑论攻击的著作。恩披里柯提出的论证不仅质疑了我们认识任何事物的能力,甚至怀疑我们是否有能力知道自己是否知道。著名的怀疑论论证往往会成为关于知识的哲学论述的出发点。例如,怀疑论者追问,既然物体在不同光线下会呈现不同的颜色,我们如何可能知道物体的颜色? 他们注意到,部分浸在水中的桨看上去是弯曲的,而当桨完全处于空气中时却显得是直的,那么我们如何才能确定桨的真实形状？狗觉得美味的食物我们却会觉得恶心，那种食物到底美味与否？鉴于这些差异，我们如何能够信任感官会告诉我们事物的实际样子呢？我们又如何能为这些说法作辩护？

在辩论如何确定一种信仰规则，如何在相互竞争的信仰规则之间确立一种判定标准时，天主教徒和新教徒都会利用这些怀疑论论证。天主教徒质疑新教徒是否能就这样的规则达成一致：他们指出，信徒之间的差异将不可避免地导致解释《圣经》的不同方式。而新教徒则质疑天主教有什么权利声称在这些问题上拥有唯一的权威性。

到了17世纪初，怀疑论蔓延到了关于信仰和《圣经》的讨论以外，导致了一种更加普遍的怀疑论危机，所有知识都遭到了怀疑论批判。特别是，哲学家批判了亚里士多德的自然哲学以及它声称能够获得关于事物本质的某些知识。由于自然哲学家不再认为传统的亚里士多德主义方法是可靠的知识来源，他们试图提出新的方法来获得自然知识，并认为这些新方法能够免受怀疑论攻击。

《圣经》解释的问题又引出了其他问题。如果《圣经》的说法违背了自然知识该怎么办？谁有权决定呢？这个几乎从教会建立就一直被神学家争论的问题在17世纪伽利略与教会的冲突中变得尖锐起来。亚里士多德著作在12—13世纪的重新获得向大学的神学家们直接提出了这个问题。例如，亚里士多德认为世界是永恒的，这种说法断然违背了《圣经》的创世教义。托马斯·阿奎那和其他中世纪神学家径直修改了亚里士多德的观点，声称神的创造是一个信仰问题，而不能由自然理性来认识。在16—17世纪，人们对新科学方法的信心不断增强，对绝对知识的说法普遍持怀疑批判态度,这使学者们找到了处理这些问题的新方式。

自然哲学家们经常用上帝的两本书这一隐喻来表述这个问题,一本书是上帝的作品,另一本书是上帝的言。这一传统认为研究自然对于理解涉及自然界的《圣经》段落很重要,它可以追溯到4世纪的圣奥古斯丁(St. Augustine,354—430)。接受这一进路的学者认为《圣经》中包含有神的消息,并把涉及自然界的段落解释成寓意性和比喻性的,从而保留自然哲学解释受造世界的权力。而新教作家则往往强调《圣经》字面的历史含义,从而引导他们对世界的认识。这些寻找神学和宗教与自然认识之间正面关系的努力突出了重要一点,即科学与宗教并不总是相互冲突的。

探索新大陆

托勒密的《地理学》(*Geography*)描述了他那个时代希腊人所知道的世界。他的地图把世界分为三大洲:欧洲、非洲和亚洲。他所描绘的欧洲向北一直延伸到波罗的海东岸。他把非洲的大西洋海岸几乎描绘成一条向西南方向蜿蜒的直线。非洲东海岸向南越过非洲之角偏折下来。虽然该地图包括了中国和东南亚,但其图像丝毫不符合实际情况。他把亚洲东海岸向南弯曲与非洲东海岸连接,从而把印度洋绘成了一个与大西洋毫无连接的内陆海。

在中世纪,随着伊斯兰教从西班牙扩张到中国境内,从阿拉伯半岛扩张到阿比西尼亚(现在的埃塞俄比亚),穆斯林学者获得了比希腊人更为详细的关于欧亚大陆和非洲大陆的知识。因代数贡献而闻名的花拉子米(Muhammad ibn Musā al-Khwārismī,约

第二章 变革的气息：寻找一种新的自然哲学

780—约850)研究了地理学的数学方面，改进了托勒密关于地球形状的计算，绘制了更好的世界地图。阿拉伯远征队驶过印度洋来到马来群岛和爪哇岛。比鲁尼(Abū al Raihan Birūnī, 973—1048)在其《地域的划界》(*Book of the Demarcation of the Limits of Areas*)中描述了这些旅行。后来的著作不仅描述了测量经度和纬度的改进方法，而且描写了航行。这些阿拉伯地理学家中有些人住在安达卢斯(al-Andalus，阿拉伯语所称的西班牙)。

对地点和新事物的观察呼吁认识世界的新方法。经验渐渐取代了权威成为知识的基础。1492年，哥伦布(Christopher Columbus，约1451—1506)到达美洲新大陆；1498年，达·伽马(Vasco Da Gama, 1460—1524)绕过好望角向印度进发；1521年，费迪南德·麦哲伦(Ferdinand Magellan，约1480—1521)绕过南美洲最南端，成功环球航行一周，此时，欧洲人知晓了托勒密(尽管他较为准确地估算了地球的大小)在其《地理学》中并未提及的巨大海洋和陆地。

美洲、非洲和亚洲的这些探险对思想生活产生了直接影响，加速了传统观念和传统权威的崩溃。中世纪和文艺复兴时期的学者都把希腊罗马作家的书籍奉为权威的地理学和博物学著作。探索古人从未见过的土地，发现古人未曾描述过的动物和植物，目睹此前未知的种族和文化，这些都促使学者质疑古典文本的准确性和权威性。也许古代作家并没有就世界的范围和内容给出定论。

起初，探险家们是透过古代典籍的视角来看待自己的发现的。哥伦布以为自己到了中国，因为在托勒密的《地理学》中未曾有过北美或南美的端倪。后来的探险明确挑战了托勒密地图的准确性，牢固确立了西半球有一块巨大的陆地存在。这些发现削弱了古代典籍的权威性,直接经验开始成为地理知识的来源。

鉴于托勒密地图的缺陷,迫切需要有更好的地图和更好的航行方法。除了仔细观察,地图制作者运用数学方法以视觉形式呈现新的发现。工匠们对于使探索更方便起了至关重要的作用,他们制造了绘图仪器,作了对于航海必不可少的观测。因此,实用数学的重要性开始上升,不仅是为了绘制地图和航海,也是为了测量新发现的领地。

新大陆的发现也挑战了古代的博物学论述。哥伦布和亚美利哥·韦斯普奇(Amerigo Vespucci,1451—1512)等早期探险家使用普林尼等古代作家的著作中以及马可·波罗(Marco Polo,1254—1324)关于中国之旅的更近记述中常常出现的术语描写了他们在新大陆碰到的动物。由于轻信像秘鲁的"猴猫"(据说是猴子与猫杂交的产物)那样的动物报告,第一次遇到未知物种的欧洲博物学家往往会把它们与古典作家所描述的生物进行比较。猴猫的怪异程度似乎不亚于神话中拥有狮身鹰首鹰翼的狮鹫。渐渐地,随着探险者、士兵和传教士对自己观察的信任超过了古代典籍他们意识到,古典作家并不知晓新大陆的许多生物,它们与旧世界常见的动植物有很大不同。探险有助于改变把古代奉为权威的态度,代之以一种尊重经验和观察的新态度。文艺复兴时期的学者不仅愿意补充古典记述,而且对旅行者等人的报告更持批判性。

变革天界:哥白尼天文学

在整个欧洲中世纪,托勒密天文学和亚里士多德宇宙论仍然占统治地位,而与此同时,阿拉伯天文学家正在对这些理论作出重要修改。近代早期的欧洲天文学家深知亚里士多德体系与托勒密体系是不相容的,阿拉伯天文学家已经证明了这种不相容性。关于这个问题的持续争论为天文学的进一步发展提供了背景。阿威罗伊对托勒密天文学的批判加剧了欧洲的这场争论。与其他阿拉伯天文学家一样,阿威罗伊及其追随者也认为天文学应当提供关于天界的真实描述。阿威罗伊采用了亚里士多德的宇宙论原则,认为天体的运动应当只用匀速圆周运动的机制来解释。他之所以批判托勒密天文学(尽管它有能力作出准确的预测),是因为它面临着可能无法解决的问题,即确定几个等价的数学构造当中哪个为真。此外,无论是本轮还是偏心轮(尤其是偏心匀速点)都与匀速圆周运动的要求不一致。因此,阿威罗伊得出了一个激进的结论,即托勒密天文学缺乏正当性,不应继续下去。欧洲天文学家了解与阿威罗伊批判托勒密天文学有关的争论。对这些问题的处理引发了重要甚至是激进的天文学变革。

15世纪中叶托勒密的希腊文本被重新获得和译成拉丁语刺激了对这些问题的进一步思考。15世纪下半叶,一些欧洲天文学家遵循着从阿拉伯文献中得知的托勒密《行星假说》传统,试图对行星运动给出物理解释。格奥尔格·普尔巴赫(Georg Peurbach,1423—1461)在其《行星新论》(*Theoricae novae planetarum*)中推广了这一做法,他于1454年完成了这本书,但直到1472年才出版。他利用三维球壳产生了行星的运动,并用托勒密《天文学大成》的计算方法来预测行星位置。这本书成为16世纪阅读最为广泛的天文学导论。普尔巴赫还与约翰内斯·雷吉奥蒙塔努斯(Johannes Regiomontanus,1436—1476)合作撰写了在数学上很严格的《〈天文学大成〉概要》(*Epitome of the Almagest*)。

这些著作为尼古拉·哥白尼(Nicholas Copernicus,1473—1543)提出革命性的体系提供了技术背景。哥白尼出生在东普鲁士(现为波兰的一部分),后在克拉科夫大学学习,之后在意大利待了8年,在那里获得了教会法学位。他的研究包括数学、天文学、占星学、教会法和民法以及医学。在意大利期间,哥白尼了解了阿威罗伊对托勒密天文学的批判以及阿拉伯人对天文学的贡献。回到东普鲁士后,他在弗劳恩堡(Frauenberg)大教堂担任教士,并且终生保持着这一职位。

哥白尼对天文学的变革加速了数理天文学和物理天文学的革命性变化。他对行星运动给出了详细的日心说解释,并且坚持天文学描述的是天界的物理实在。他写了一部关于自己体系的概要,名为《要释》(*Commentariolus*),在1514年之前将其以手稿形式流传。在这部简短的著作中,哥白尼概述了新的日心天文学体系,声称它描述了物理实在。和阿拉伯天文学家一样,他也坚持只使用匀速圆周运动,并且运用图西双轮以避免使用偏心匀速点等违反匀速圆周运动原则的构造。我们不十分清楚哥白尼是如何得知阿拉伯天文学细节的,但他显然了解这些内容,并把它们纳入了自己的工作。

此时,哥白尼已经获得了重要天文学家的声誉。他声名显赫,以至于教皇的一个委员会请他为历法改革提供建议。历法需要作彻底检查,因为自公元前1世纪采用儒略历以来,许多个世纪的误差积累起来已经导致历法与春分等天文现象不再同步。除了实际的考虑,教会之所以关注历法还因为需要确定宗教节日的正确日

第二章 变革的气息：寻找一种新的自然哲学

期,特别是复活节的日期。哥白尼没有为委员会提出建议,他指出,要想解决历法问题,就必须改进观测天文学和理论天文学。他没有出版任何著作,而是继续计算其体系的技术细节,直到1539年,来自维滕贝格的路德宗数学教授格奥尔格·约阿希姆·雷蒂库斯(Georg Joachim Rheticus,1514—1574)来到弗劳恩堡,想对哥白尼的新天文学体系有更多了解。雷蒂库斯看到这个理论很兴奋,他于1540年发表了一份简短的说明——《初述》(Narratio prima)。

逗留期间,雷蒂库斯鼓励哥白尼出版其天文学的完整版本——《天球运行论》(De revolutionibus orbium coelestium)。由于书中包含了大量几何图解和观测表,所以印刷过程需要不断监督。1542年,雷蒂库斯把手稿交给了纽伦堡的一个印刷工,然后赴莱比锡大学任教,把监督《天球运行论》印刷的任务留给了路德宗牧师安德烈亚斯·奥西安德尔(Andreas Osiander,1498—1552)。故事情节由这里开始变得模糊起来。

奥西安德尔在书中插入了一个未签名的序言,声称书中断言的主要天文学结论应被视为数学假说,纯粹旨在拯救现象,也就是构造数学模型来解释所有观测和作出正确的预测,而不是对物理实在的描述。虽然这篇序言明显违背了哥白尼在全书中的说法,但许多读者还是按照字面意思作了理解,很少有天文学家会接受日心说的物理实在性,直到读过雷蒂库斯与奥西安德尔之间通信的约翰内斯·开普勒(Johannes Kepler,1571—1630)揭示了谁是该序言的实际作者才真相大白。1543年,就在《天球运行论》付梓出版之际,哥白尼与世长辞。

我们事后可以看到,这部著作加速了天文学、物理学和宇宙论的深刻变化,但哥白尼的目标并不是革命性的。事实上,哥白尼的做法在许多方面都很保守。例如,他认为古代天文学家的观测结果是完全可靠的。"我们必须遵循他们的脚步,秉持他们遗留给我们的观测结果。如果有人认为古人在这方面不值得信任,那么这种技艺的大门对他是关闭的。"①

事实上,哥白尼并没有作出许多新的观测。的确,作出显著改善的观测所需的精密仪器还不存在。除了信任古代的观测,他还认同通过匀速圆周运动的组合来解释天体运动这一古代目标。他之所以批判托勒密体系,是因为在尝试解释行星运动的一些不均等性的过程中,托勒密使用了偏心匀速点,而哥白尼和许多阿拉伯天文学家都认为此举违反了匀速圆周运动的假设。他在《要释》中解释了这一点:

> 既已了解这些缺陷,我经常思考是否有可能对诸圆进行一种更为合理的安排,使每一种表观的不均等性都能由此导出,一切都可以按照绝对运动的规则所要求的那样围绕其固有的中心均匀地运动。在提出这个非常困难、几乎不可能解决的问题之后,我最终想到,只要采用……一些假设,便可以通过使用比以前少得多也简单得多的构造来解决它。②

哥白尼的新假设简直把宇宙由内到外翻了个个。他把地球从

---

① Nicholas Copernicus, "Letter against Werner" (1524), in Edward Rosen, *Three Copernican Treatises* (New York: Dover, 1959), p.99.

② Nicholas Copernicus, *The Commentariolus*, in Rosen, *Three Copernican Treatises*, pp.57–58.

宇宙中心移开，使之围绕处于中心的太阳运转。他还赋予了地球第二种运动，即每日绕轴自转，以解释日月星辰每日的升落。他表明如何可以用地球运动来解释观察到的行星运动的留和逆行。哥白尼认为，这种新理论将会比托勒密更和谐、更有效地保持匀速圆周运动。

哥白尼在《天球运行论》一开篇就描述了宇宙的物理结构。他赞同古代天文学家的观点，认为宇宙和地球都是球形的。天体要么做永恒的匀速圆周运动，要么以匀速圆周运动的组合在运动。他把地球包括在这些天体中间，不认同大多数古代天文学家的意见，即地球静止于宇宙中心。他援引后来所谓的视觉相对性原理，指出如果两个物体彼此移动，而观察者位于这两个物体中的一个上面，则仅凭视觉证据无法判定哪个物体实际在运动。因此，通过地球的每日绕轴自转可以有效地解释所有天体每日的升落或围绕地球的旋转。

除了每日自转，哥白尼还声称地球围绕太阳旋转，每年旋转一周。这一运动可以简单地解释其他行星的留和逆行。哥白尼认为他的解释比托勒密的更好。托勒密为每一颗行星单独构造了一个几何模型以解释这些现象，而哥白尼的解释则是自己理论的自然推论，无需进行任何额外的假设。

把地球从宇宙中心移出还可以解释托勒密通过特设性假说处理的其他现象。在托勒密体系中，由于诸行星的几何结构是相互独立的，所以行星的次序没有标准可以确定。对于哥白尼来说，要想确定行星的次序，只需把行星按照围绕太阳运行一周所需的时间即行星周期的顺序排好：

行星	周期
水星	88 天
金星	225 天
地球	365.25 天
火星	687 天
木星	12 年
土星	29 年

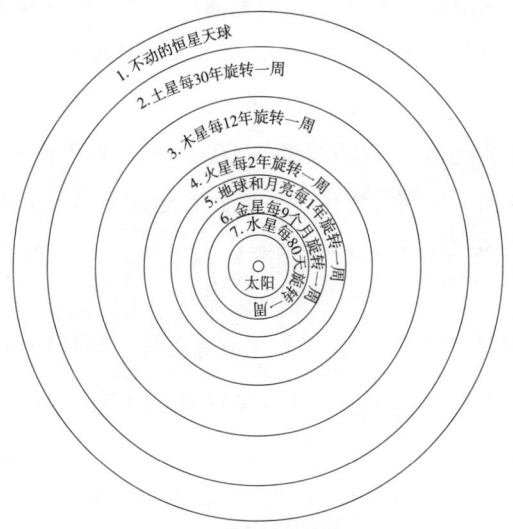

哥白尼对宇宙的描绘

在哥白尼的革命性理论中,太阳静止于宇宙的中心。行星和恒星都沿着圆周轨道绕太阳旋转。绕太阳旋转的地球是从太阳往外的第三颗行星,现在与其他行星有相同的地位。

■图见 *The Copernican Revolution: Planetary Astronomy in the Development of Western Thought* by Thomas S. Kuhn, p.162, Cambridge, Mass.: Harvard University Press, 1985.

第二章 变革的气息:寻找一种新的自然哲学

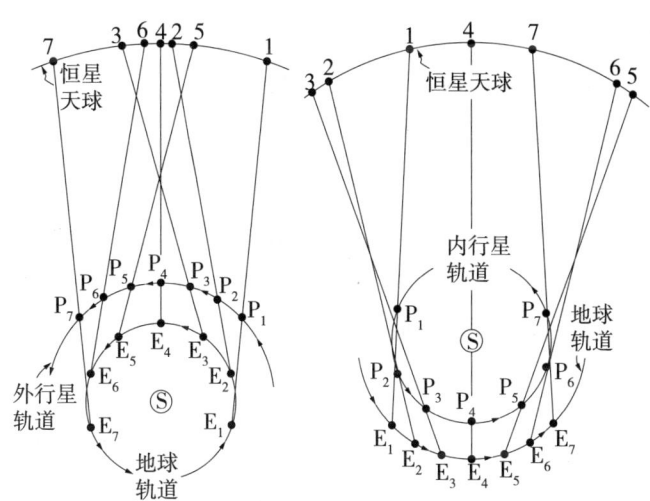

哥白尼体系中的留和逆行

所有行星都沿自己的轨道自西向东以不同速度运行。它们偶尔会停下来,倒转方向自东向西运动,然后停止下来,继续其自西向东的运动。这些运动被称为留和逆行。哥白尼能把它们解释成自己体系的一个自然推论。

该图表明了哥白尼对其他行星相对于地球的视运动的解释。E_1到E_7是地球绕太阳旋转时的位置,P_1到P_7则是这些时刻某行星在地球轨道之外的位置。如果投射到恒星天球上,则行星似乎从 1 向前移动到 3,然后倒转方向从 3 移动到 4 和 5,在这一点上又继续向前运动。地球经过行星时,观察者便会看到这种逆行,因为它们都在以不同速度绕太阳运转。观察到的运动很像你在高速公路上超过一辆汽车时所看到的情景,那辆汽车似乎退到了你的车之后。地球轨道内部的行星(水星和金星)也会出现类似的效果。

■图见 *The Copernican Revolution: Planetary Astronomy in the Development of Western Thought* by Thomas S. Kuhn, p.163, Cambridge, Mass.: Harvard University Press, 1985.

哥白尼体系很容易解释为什么我们从来没有观察到水星与太阳的角距离超过 29 度,金星与太阳的角距离超过 47 度。对哥白尼而言，这些事实不需要额外的假设，因为在他的体系中，水星和金星位于地球轨道的内部。因此，从地球上看，它们与太阳的角距离从未超过一个有限的数值。

哥白尼还赋予了地球第三种运动，以解释太阳高度的季节性变化。哥白尼仍然认为天体（包括地球）附着在天球上，他需要地球的第三种运动使地轴的倾斜度保持为恒定的 23.5 度。第三种运动使地球围绕太阳旋转时地轴保持平行。一旦天文学家们认为

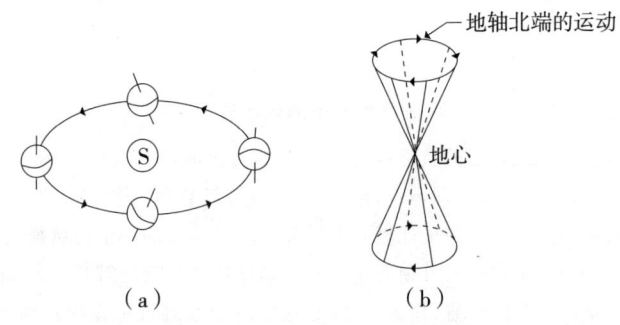

哥白尼的"第二种"和"第三种"运动

在哥白尼体系中，第一种运动是指行星、地球围绕太阳旋转。第二种运动是地球每日的绕轴自转。由于哥白尼仍然认为地球附着在天球上围绕太阳旋转，所以在一年的过程中，地轴将会旋转一周，如图（a）所示。哥白尼声称地球还有第三种运动。第二种运动并不能使地轴保持平行，所以需要如图（b）所示的圆锥形的第三种运动使地轴保持一致。随着天球的消除以及认为地球在空的空间中围绕太阳运转，这第三种运动已经不再需要，因为地球在绕太阳旋转时自会保持其指向。

■图见 *The Copernican Revolution: Planetary Astronomy in the Development of Western Thought* by Thomas S. Kuhn, p.165, Cambridge, Mass.: Harvard University Press, 1985.

地球和其他行星并非嵌在天球上运动,而是在空的空间中运动,这第三种运动就不再必要了,因为地轴自会保持其角位置。

定性地看,哥白尼体系似乎比之前的任何体系都更为简单和优雅。哥白尼似乎只需要 7 个圆就能解决托勒密用 12 个圆才能解决的问题。然而,这种更为简单的外表是虚假的,因为当哥白尼详细计算行星的运动时,他的体系变得与托勒密体系同样复杂。他甚至需要使用一种类似于偏心匀速点的构造来解释行星的一些更复杂的运动。由于他依赖于托勒密曾经使用过的数据,他的体系和托勒密体系同样不够精确。只有作出大量新的观测,才可能达到更高的精度。

虽然相比于托勒密体系,哥白尼的日心说体系似乎有许多优点,但它关于地球运动的基本假设遭到了来自传统物理学家和天文学家的严厉反驳。古希腊天文学家已经针对亦曾提出过日心说的阿里斯塔克(Aristarchus of Samos,约公元前 310—约前 230)阐述过这些反对意见。在中世纪,类似的反对意见是在讨论上帝是否有能力创造出一个地动宇宙的背景之下产生的。在《天球运行论》的开篇部分,哥白尼直接提出了这些反对意见。有人反驳说,如果运动,地球必定会分崩离析,而事实上这种现象并没有发生,对此哥白尼的回应是,既然天球远大于地球,这种论证更适用于天球的运动。他援引视觉相对性原则,指出仅凭天文学观测是无法解决地球运动问题的。这一主张意义甚大,因为它暗示问题只有通过引入物理考虑才能得到解决,这一程序呼吁跨越传统的学科界限,从而改变亚里士多德的科学分类。

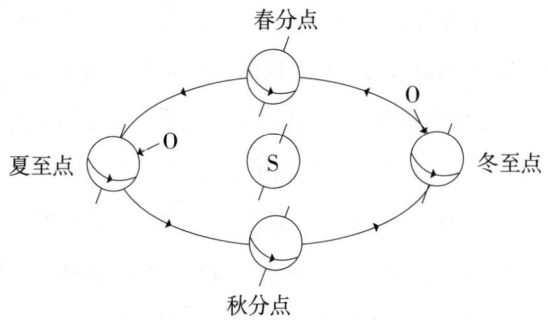

地球围绕太阳所做的周年运动

一旦消除天球,天文学家便会把地球描绘为在绕太阳旋转时保持其指向。在任何时候,地球的轴都与自身或穿过太阳的固定直线保持平行。结果北半球中纬度的观察者(图中 O 点)会发现,夏至正午的太阳远比冬至正午的太阳接近头顶上方。南半球的观察者则会看到太阳在冬至更接近头顶上方。

■图见 *The Copernican Revolution:Planetary Astronomy in the Development of Western Thought* by Thomas S.Kuhn,p.166,Cambridge,Mass.:Harvard University Press,1985.

反对地球运动的其他传统论证同样基于亚里士多德物理学。地球运动将会导致云和动物等未与地球相连的东西飞离地球表面;自由下落的物体,比如从塔上丢下的石头,将会落到西边,因为地球表面会在它们下方转动。哥白尼驳斥了这些反对意见,声称接近地球表面的物体参与了地球运动,因此无论地球是否运动,现象都将保持不变。哥白尼并没有解释这些物体是如何参与地球运动的,但亚里士多德物理学显然无法提供恰当的解释。无论哥白尼是否理解自己看法的激进性,只要认为他的体系在物理上是真实的,就需要创造一种新物理学。

由地球的轨道运动所作的一个可观测预言是恒星周年视差,

第二章 变革的气息：寻找一种新的自然哲学

但在哥白尼时代，还没有人观察到视差。直到 1838 年弗里德里希·威廉·贝塞尔（Friedrich Wilhelm Bessel，1784—1846）使用了一种新发明的非常强大的望远镜，才观察到了大约 1/3 弧秒的恒星周年视差。哥白尼并不认为没有观察到恒星视差是对其理论的驳斥。相反，他提出恒星与地球的距离要比以前认为的远得多，以至于视差角度小到无法用当时的裸眼仪器观察到。

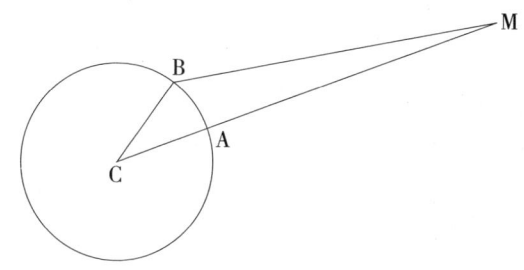

恒星周年视差

由于当地球沿着轨道运动时，地球上的观察者与恒星之间的连线并非一直保持平行，所以当地球沿轨道在 AB 之间运动时，恒星在天球上的视位置会移动一个角度∠BMA。最大视差发生相隔 6 个月的点上。哥白尼天文学预言了视差，但直到 19 世纪才观察到，因为视差无法用裸眼仪器观察到。

很少有天文学家在《天球运行论》出版后的第一个 50 年里接受哥白尼天文学。虽然亚里士多德的地心宇宙论与基督教神学之间的密切关系表明，哥白尼的看法本应激起宗教当局的敌对反应，但事实上并没有。哥白尼本人终生在罗马天主教会担任教士。他把这部巨著献给教皇保罗三世，书中载有卡普阿（Capua）的红衣主教、多明我会神父尼古拉·舍恩贝格（Nicholas Schönberg）的一封介绍信，他曾经从熟悉哥白尼工作的人文主义教士那里了解到哥白尼的新天文学和宇宙论。教会当局当时有严重得多的关切。教皇和教会中的其他高级职员正在组织1545年到1563年举行的特伦托会议,其主要目的是确定如何对马丁·路德于16世纪初发起的宗教改革作出回应。一位波兰天文学家在欧洲偏僻一隅所提出的革命性理论很难引起很大关注。

尽管哥白尼显然相信其天文学体系的物理实在性,从而打破了天文学(混合数学的一个分支)与物理学(或自然哲学)之间的传统学科界限,但奥西安德尔的前言却强化了传统区分。根据这一区分,天文学家应当计算天体的观测位置,而不考虑物理真相,自然哲学家则应该寻找现象的实际原因。在最初认可哥白尼的工作时,这种区分显得很突出。维滕贝格大学的几位师从菲利普·梅兰希顿(Philipp Melanchthon,1497—1560)的年轻天文学家更愿意用哥白尼的方法而不是托勒密的方法来计算行星位置,因为哥白尼的方法能使他们避免使用偏心匀速点。但他们并不愿意拥护哥白尼的日心宇宙论。其中一位重要成员伊拉斯谟·莱因霍尔德(Erasmus Reinhold,1511—1553)出版了一套天文表——《普鲁士星表》(*Tabulae Prutenicae*,1551),用哥白尼的方法进行了计算。这些星表要比之前13世纪编制的阿尔方索星表(Alphonsine tables)更加广泛、准确和容易使用。

天文学的进一步突破需要有更精确的新观测。丹麦贵族第谷·布拉赫(Tycho Brahe,1546—1601)把这项任务当做自己毕生的工作。他16岁时所作的一些观测揭示了现有数据的不足。他观察到一次罕见的土星与木星相合(看到两颗行星非常接近对方),判定基于阿尔方索星表的预测结果相差一个月,甚至连新的

《普鲁士星表》也误差两天。这一早期经历使他认识到,天文学改革必须以更精确的观测为基础。还有几项观测更使他决心献身于这一使命。1572年,一颗新星出现在仙后座。这颗明亮的新星甚至在白天也昭然可见,直到出现18个月后消失。它没有显示出可观测的视差,这表明它位于恒星区域,根据亚里士多德的看法,恒星领域没有质的变化,也不可能有生灭。第谷对这颗新星(许多新星中的一颗)的观测削弱了亚里士多德宇宙论的基础。

1577年,天空出现了一颗明亮的彗星。视差测量表明这颗彗星穿过了行星区域,根据传统理论,这一区域只存在天球上的匀速圆周运动。第谷发现,这颗彗星将会穿过这些天球,这在物理上是不可能的。最后他得出结论说,天球并不存在,由此提出了一个紧迫的问题:是什么把行星维持在轨道上。这个问题再次使天文学与物理学明确关联起来。

第谷改进天文学的决心并非只体现于这些非常重要的孤立观测。在丹麦国王的赞助下,他在丹麦与瑞典之间海峡中的汶岛(island of Hven)建立了一座天文台。他把这座天文台称为天堡(Uraniborg),建立了一个炼金术实验室,安装了天文仪器,并为几名观测者提供住宿。天堡上巨大而稳定的仪器使第谷的天文学团队大大改进了裸眼观测结果。经过20多年的系统观测,他们编制的星表极大地完善了以前的所有观测。第谷的恒星观测达到了大约1弧分的精度。以前的观测数据充其量精确到4弧分。4倍的精度增加使天文学理论得到了显著改进。

除了观测,第谷还提出了一个天文学体系,他认为要优于托勒密体系和哥白尼体系。第谷承认哥白尼体系的诸多优点,但无法接受地球在运动。左思右想,他构造出了一个地日心(geo-heliocentric)体系。

第谷体系能够给出与哥白尼体系相同的观测结果。水星和金星仍然靠近太阳,行星的留和逆行也是这一体系的自然推论。然而,火星的绕日轨道穿过了太阳的绕地轨道,这是对以往所有体系的重大改变。在亚里士多德体系中,这种轨道交叉是不可能的,因为各个轨道都嵌在天球上。但第谷1577年对彗星路径的观测以及第谷体系中的火星问题使他放弃了天球。物理学考虑再次变得与天文学理论有关。

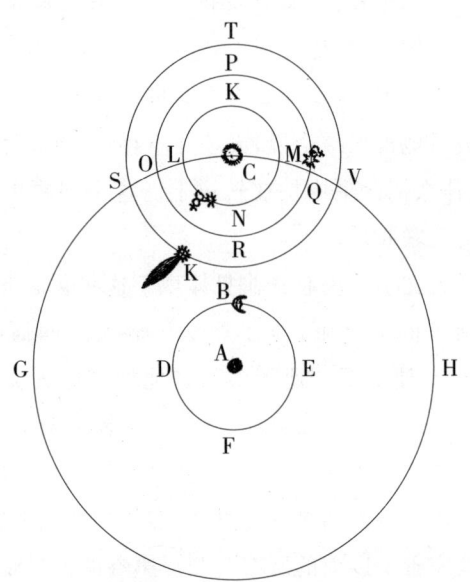

第谷·布拉赫的体系

在第谷体系中,地球静止于宇宙的中心,月亮和太阳围绕地球运转,所有其他行星都围绕太阳运转。X 是1577年的彗星。

■ 图见 Arthur Berry, *A Short History of Astronomy from Earliest Times through the Nineteenth Century* (London:John Murray,1898),p.137.

开普勒打破了所有传统天文学假设，最成功地解决了自从数理天文学发端以来人人都会提出的行星问题。他之所以能够实现这一目标，是因为他不再认为天体的运动要描述为匀速圆周运动的组合。

开普勒年轻时曾想当一名路德宗的牧师。但由于秉持某些非正统的信仰，他无法得到牧师职位或大学职位，因为所有大学教授都需要被授予圣职。于是，他只能不断求职和寻找赞助人。开普勒1589年到1594年在图宾根大学的老师米沙埃尔·梅斯特林（Michael Maestlin，1550—1631）向他介绍了哥白尼主义，即使梅斯特林本人并非完全赞同日心天文学。开普勒的确支持哥白尼主义，认为对自然的研究能够帮助我们认识上帝的宇宙设计，还相信上帝是一位把精确的数学关系植入世界的神圣的几何学家，这一信念促使他强调经验的准确性：天文学理论必须极其精确地描述天界。

开普勒随同梅斯特林所作的高级天文学研究使他在奥地利格拉茨市的一所路德宗学校找到了一个讲授数学的职位。据开普勒所述，在讲课过程中，他问学生为什么不多不少只有6颗行星（水星、金星、地球、火星、木星和土星），此时开普勒意识到，这些行星的哥白尼天球可以内切和外接于五种柏拉图立体（四面体、立方体、八面体、十二面体和二十面体）。这些立体的特点是，每一个立体的每一个面都是等边的，所有面都全等。数学家早已表明，有且只有五种这样的立体。因此，只有6个天球能够与它们外接和内切。对数学持毕达哥拉斯主义看法（即把数学和谐看成具有因果效力）的开普勒认为这一数学事实解释了恰恰存在着6颗行星这一物理事实。

这一模型解释了行星的次序，把轨道比例与音乐和声和占星学联系了起来。这种洞见造就了他的第一本著作——《宇宙的奥秘》

(*Mysterium cosmographicum*,1596),自 1540 年雷蒂库斯发表《初述》以来,这是第一次有职业天文学家出版著作支持哥白尼的宇宙论。

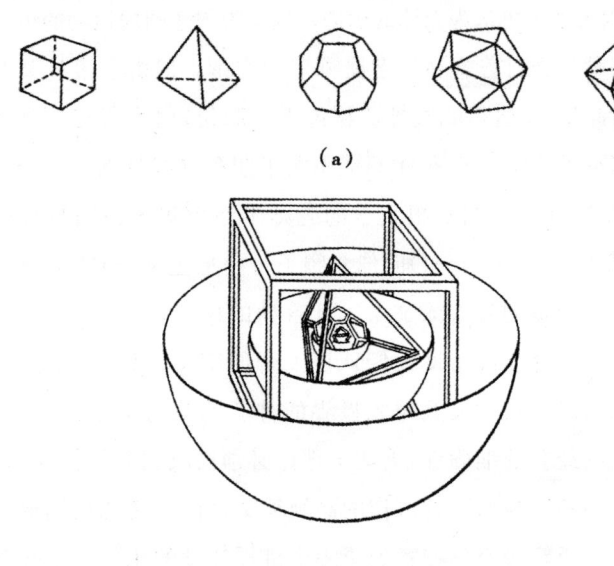

开普勒的行星天球模型

图(a)显示了开普勒认为使哥白尼行星天球能够内切的五种柏拉图立体。从左至右依次为立方体、四面体、十二面体、二十面体和八面体。开普勒把它们排成这一顺序是为了解释行星天球的尺寸。图(b)显示了这些立体的运用。土星天球外接于立方体,木星天球内切于立方体,四面体内接于木星天球,等等。

■图见 *The Copernican Revolution:Planetary Astronomy in the Development of Western Thought* by Thomas S.Kuhn, p.218, Cambridge, Mass.: Harvard University Press,1985.

开普勒对这本书颇为自豪,他给包括梅斯特林、伽利略和第谷在内的许多欧洲天文学家都寄了副本。伽利略被开普勒的毕达哥拉斯主义吓坏了,所以没有回信,他们之间的通信也就此告终。而1599年成为神圣罗马帝国皇帝鲁道夫二世宫廷天文学家的第谷则认识到了开普勒的数学和天文学才能,遂邀开普勒到布拉格整理他20年来在汶岛系统收集的数据。开普勒抓住这一机会,于1600年在布拉格加入了第谷的团队,着手研究轨道偏心率最大(即比其他行星轨道更加偏离正圆)的火星。

开普勒研究火星问题一直到1609年,然后发表了《新天文学》(*Astronomia nova*),其中包括了他三条行星运动定律的前两条。开普勒的这些定律抛弃了那条古老的假设,即必须用匀速圆周运动来解释行星的运动。此外,把行星置于椭圆轨道,不是围绕椭圆中心而是围绕太阳所处的一个焦点运转,从而使行星被什么维持在轨道上这一问题变得更加紧迫。《新天文学》的完整标题是《基于原因的新天文学或天界物理学,根据贵族第谷·布拉赫的观测,通过对火星运动的评注而给出》,这表明开普勒试图给出关于行星运动的物理解释。开普勒不仅通过抛弃匀速圆周运动的古老假设而解决了行星问题,而且把他的新天文学称为一种"天界物理学",从而使天文学与物理学之间的学科关系发生了彻底改变。

开普勒的方法表明,他坚持自己的理论要完全准确地解释观测结果。例如,考虑他处理火星问题的第一种方法。他用第谷关于火星在远日点和近日点(距离太阳最远和最近时)的四个观测数据推测出了火星偏心率的大小。经过极为漫长的计算,他能够在两弧分的范围内(这是其数据的误差幅度)解释第谷关于火星在远日点的所有观测数据。然而,当他对照第谷关于火星位于方照(与远日点相距90度)的观测数据对理论进行检验时,他发现自己的模型所预测的位置与观测结果相差 8 弧分。他指出,托勒密或哥白尼可能会忽略这 8 弧分误差,因为他们的观测结果只精确到 10 弧分的范围之内。

> 既然上帝出于仁慈赐予我们第谷·布拉赫这样一位认真细致的观测者,而他的观测结果揭示出托勒密的计算有 8 弧分的误差,那么我们理应怀着感恩的心情去接受和享用上帝的这份恩赐。……接下来我将竭尽所能为他人引路。因为如果我认为这 8 弧分的经度可以忽略不计,那么通过平分偏心率,我就应当已经完全纠正了第十六章所提出的假说。然而,由于这一误差不应被忽视,所以仅仅这 8 弧分就已经为天文学的彻底变革指明了道路;它已经成为本书大部分内容的基本材料。①

这 8 弧分误差导致开普勒抛弃了已经耗费他两年时间的计算。他坚持自己的理论要与数据精确符合,这是因为他相信正确的天文学理论描述的是物理实在。上帝这位几何学家创造了一个能够体现精确数学关系的世界。

开普勒得出其前两条定律的道路是迂回曲折的。8 弧分误差最终使他同时放弃了火星的圆形轨道和沿轨道的匀速运动。他意识到,行星的轨道运行速度是不均匀的。在试图确定行星运行速

---

① Johannes Kepler, *New Astronomy*, trans. William H. Donahue (Cambridge: Cambridge University Press, 1992), p.286.

第二章 变革的气息:寻找一种新的自然哲学

度的过程中,开普勒发现了他的第二定律,即行星半径在相等时间内扫过相同的面积。

但他仍然需要确定行星轨道的形状。拒绝了圆之后,他考虑是否可能是某种卵形。如果假设轨道是卵形,他发现无法计算其面积,并感叹道:"它要是一个完美的椭圆形该多好,所有回答都能在阿基米德和阿波罗尼奥斯的工作中找到。"[1]在对卵形作了许多无果的计算之后,开普勒偶然发现椭圆很符合观测数据,而且可以计算。这些发现使他宣布:"把人引向知识的道路与那种知识本身一样奇妙"。[2]

正如《新天文学》的完整标题所明确表示的,开普勒致力于寻找一种关于行星运动的物理解释。开普勒仍然秉持着亚里士多德的看法,相信所有运动都需要有一个原因,他认为太阳对行星施加了一种力,推动行星绕其轨道运转。在《宇宙的奥秘》第一版中,他把这种力称为"致动灵魂"(*anima motrix*)。25 年后,他在准备该书第二版时,把这一术语改为"致动力"(*vis motrix*)。他之所以改变概念和术语,是因为他意识到,"这种致动力随着与太阳距离的增加而减弱,就像太阳光的衰减一样"。[3]

由于这种关于物理力的猜想把太阳与行星联系了起来,所以开

---

[1] Kepler to D. Fabricius, 18 December 1604, quoted in Arthur Koestler, *The Sleepwalkers:A History of Man's Changing Vision of the Universe* (1959;London: Penguin,1964),p.335.

[2] Quoted by Koestler,*The Sleepwalkers*,p.337.

[3] Quoted by Richard S.Westfall in *The Construction of Modern Science:Mechanisms and Mechanics* (New York:John Wiley & Sons,1971),pp.9 - 10.

普勒继续寻找行星运动与各自同太阳距离之间的数学关系。最后，他发现了这种关系，即后来所谓的开普勒第三定律：行星周期（行星绕太阳运转一周的时间）的平方正比于行星与太阳平均距离的立方，即 $T^2 \propto r^3$，其中 T 是行星周期，r 表示行星与太阳的平均距离。

开普勒的前两条定律

图（a）和图（b）定义了椭圆，遵从开普勒第一定律的所有行星必须沿椭圆运动。在图（a）中，椭圆是平面与圆锥所截的封闭曲线。当平面垂直于圆锥轴时，截面是一个圆，这是椭圆的特例。当平面倾斜时，截线拉长为更加典型的椭圆形。更为现代也更有用的椭圆定义如图（b）所示。把一根松弛的弦的两端系在平面上的两点 F_1 和 F_2 上，把铅笔 P 附着在弦内移动，使弦一直保持绷紧状态，则铅笔尖将会描出一个椭圆。改变弦长或 F_1 与 F_2 的距离都会改变椭圆的形状，就像改变图（a）中平面的倾斜度一样。大多数行星的轨道都非常接近圆形，因此相应椭圆的焦点彼此非常接近。图（c）说明了决定轨道速度的开普勒第二定律。根据第一定律的要求，太阳 S 位于椭圆的一个焦点上，用直线把太阳中心与行星的若干位置 P 和 P' 连接起来，使三个阴影的扇形 SPP' 面积都相等。第二定律说，由于这些面积都相等，所以行星必须在相等时间内通过每一个相应的弧 PP'。行星距太阳较近时必须移动较快，距太阳较远时必须移动较慢，以使 SP 在单位时间内扫过相同的面积。

■图见 *The Copernican Revolution: Planetary Astronomy in the Development of Western Thought* by Thomas S. Kuhn, p.213, Cambridge, Mass.: Harvard University Press, 1985.

开普勒在《世界的和谐》(*Harmonice mundi*, 1618)一书中发表了这一成果,随同发表的还有其他一些关系,揭示了他认为能够指导上帝创世的那种纯粹和谐。该书旨在完成从《宇宙的奥秘》开始的计划。这些著作不仅包含着关于推动天体运动的力的猜测,而且包含着关于行星运动和宇宙几何结构所产生的音乐和声的思辨。毕达哥拉斯主义假设和神学假设充斥于他的天文学思想。

虽然开普勒并没有突出和强调后来思想家所谓的开普勒定律,但他的天文学工作代表着与过去工作的真正决裂。与哥白尼和第谷不同,开普勒抛弃了古代的匀速圆周运动假设,用椭圆代替圆,把太阳从太阳系的几何中心移出。他毫不含糊地断言其天文学理论的物理实在性,并试图为行星的运动提供一种物理解释。他不是通过亚里士多德的形式来解释天体的运动,而是发现数学关系和宇宙的几何结构具有深刻的解释力。他将数学、天文学、物理学和神学融合成一个完整的体系来解释宇宙。这种做法从根本上改变了这些学科之间的传统关系。

开普勒的天文学尽管为古老的行星问题提供了合理的回答,但也引出了新的问题。在一种基于亚里士多德假设的宇宙论中,围绕中心所做的圆周运动并不需要作特殊解释,比如以太所构成的天体所做的自然运动。而围绕一个焦点而非中心所做的椭圆运动却没有这些自然特性。它需要作物理解释。在第谷消除了天球和亚里士多德的自然运动之后,开普勒为天文学家和自然哲学家留下了两个紧迫的问题:是什么把行星维持在轨道上?椭圆轨道又如何解释?要想回答这些问题,还需要运动科学发生根本性的变化。

新天文学的影响是深远的。哥白尼对地心天文学的挑战质疑了亚里士多德的运动理论、物质理论以及最终支撑所有这些理论的形而上学。除了使数理天文学发生了重大改变,哥白尼天文学还使一种新物理学和新自然哲学变得更加必要。

文艺复兴时期的人文主义、宗教改革、新大陆的发现和探索、哥白尼天文学,每一种发展都有助于瓦解已经统治了两千年的世界观。它们削弱了亚里士多德、盖伦和托勒密的权威,促使学者和自然哲学家寻找一种新的自然哲学为其世界知识提供基础。具有讽刺意味的是,一种着眼于过去的文艺复兴时期的人文主义为科学创新提供了肥沃的土壤。

第三章 观察天空:从亚里士多德的宇宙论到自然的均一性

数理天文学的革命性发展以及随之而来的对亚里士多德物理学和宇宙论的挑战提出了新的紧迫问题。如果天空中不再充满天球,那么空间的本性是什么?是什么把行星维持在轨道上?天界与地界有何质的不同?两种发展解决了这些问题的各个方面。望远镜的引入使得以前未知的现象被发现,其中许多现象继续侵蚀着亚里士多德的宇宙论。重新定义基本的运动概念回答了对地球运动的反驳,并最终解释了行星的运动。伽利略·伽利莱(Galileo Galilei,1564—1642)在这两个领域都作出了重要贡献。

凝望星辰:伽利略和望远镜

虽然透镜很早就被用作放大镜,或者用来把太阳光的热量集中到一点而引燃物体,或者作为改善视力的镜片,但在17世纪之前,从未有人想过要把凸透镜作为物镜,把凹透镜作为目镜,使远处的物体显得更大。关于这种仪器的发明报告最早于1608年出现在荷兰共和国,眼镜制造商汉斯·利伯希(Hans Lippershey,1570—1619)制造了一架三四倍放大率的望远镜。此发明的消息迅速传遍了整个欧洲,几个对天文学感兴趣的人,包括英格兰的托马斯·哈利奥特(Thomas Harriot,约 1560—1621)和意大利帕多瓦大学的数学教授伽利略,都装配了望远镜,并用望远镜来观察天空。伽利略的职业生涯始于 1589 年到 1590 年在比萨大学任数学教授,之后他进入帕多瓦大学,在那里一直待到 1610 年。

1609 年 8 月,伽利略使用的是一架 8 倍放大率的望远镜。到那年年底,伽利略已经把望远镜的放大率提高到了 20 倍。在接下来的几个月里,他继续进行改进,一直把放大率提高到 30 倍。他把这种新的仪器指向天空,作出了若干惊人的发现,他在 1610 年出版的《星际讯息》(*Sidereus nuncius*)中对此作了报导。在这部简短的著作中,伽利略描述了以前从未观察到的现象。在观看月球时,他注意到"把亮区与暗区分开的边界并不是一条均匀的卵形线,正如一个完美的球体将会发生的那样,而是一条不均匀的、粗糙的、非常蜿蜒的线"。① 此外,月球的暗区有亮点,亮区有暗点。他认为这些观测结果表明月球的表面很粗糙,其中一部分是山脉。他意识到月球与地球类似。月球并不像亚里士多德所声称的那样是一个完全光滑的球体,而是像地球一样,表面粗糙不平而且多山。

伽利略观察到,新月的暗区往往被微弱地照亮。他把这种现象解释为地球反照。正如月光可以照亮地球上漆黑的夜晚,从地球反射的光也可以照亮月球上并不反射太阳直射光的那部分区域。这些观测结果进一步支持了地球和月球是类似的物体,直接

---

① Galileo Galilei, *Sidereus Nuncius*; or, *The Sidereal Messenger*, trans. Albert Van Helden (Chicago: University of Chicago Press, 1989), p.40.

挑战了亚里士多德的看法,即天体与地界物体是不同类型的物体。

伽利略的望远镜把银河系分解成无数恒星,从而解决了关于星系本性的一项长期争论。望远镜还揭示,金星和月球一样也有全套相位。托勒密体系只能解释某些相位,而哥白尼的宇宙论却很容易解释全套相位。

伽利略用望远镜作出的另一个戏剧性发现是木星的卫星。伽利略一连数日观测木星,对自己看到的景象感到困惑。木星似乎在恒星的背景上来回移动。起初,伽利略以为木星也许会前行,即使计算表明它应当逆行。作了多次观测之后,他得出结论说,这些运动是由于这些"星星",而并非由于木星:"既然我知道……所观察到的星星总是相同的(因为无论在木星之前还是之后,在黄道的很长距离内都没有其他星星),那么从怀疑转为惊讶,我发现所观察到的变化不在于木星,而在于所说的这些星星。"继续观察这些反常的星星,"我可以毫无疑问地得出结论说,天上有3颗星星在木星周围漫游,就像金星和水星围绕太阳漫游一样。在许多随后的观测中,这一点都可以看得一清二楚,而且并非只有3颗,而是有4颗漫游的星星在围绕木星旋转"。① 木星有卫星,这一惊人发现更加支持了哥白尼的论点,即地球像所有其他行星一样是一颗行星,因为木星的卫星使地球失去了作为唯一拥有卫星的行星的特殊地位。伽利略依照富有的佛罗伦萨银行家族美第奇家族的名字把木星的卫星称为"美第奇星"(Medicean Stars),当时伽利略正

---

① Galileo Galilei, *Sidereus Nuncius*; or, *The Sidereal Messenger*, trans. Albert Van Helden (Chicago: University of Chicago Press, 1989), p.66.

在寻求美第奇家族的赞助。

《星际讯息》引起了各种不同的反应,这反映了伽利略的望远镜观测向天文学家以及自然哲学家和神学家提出的深刻问题。最热烈的响应来自开普勒。1610年4月,伽利略的著作出版刚刚一个月,开普勒就出版了《与星际信使的交谈》(*Dissertatio cum nuncio sidereo*)①。利用布拉格鲁道夫二世的宫廷望远镜,开普勒重复了伽利略对月球的观测,但他的望远镜没有强大到能够揭示木星的卫星。开普勒的《与星际信使的交谈》不断重印并且在欧洲广为流传,证明了用望远镜研究天空的正当性,从而给予伽利略重要的支持,但伽利略从未回应开普勒,也从未感谢他的支持。

并非所有人都像开普勒一样兴奋。伽利略在帕多瓦大学的朋友和同事切萨雷·克雷莫尼尼(Cesare Cremonini,1550—1631)就拒不接受望远镜观测。克雷莫尼尼的态度也许显得反动和教条,但它揭示了与引入一种新仪器有关的重要问题。亚里士多德的宇宙分为地界和天界两个区域,每一个区域都含有自身类型的物质,都受自身自然律的支配。虽然伽利略在地球表面检验过望远镜的真实性,但他无法证实望远镜能够产生天体的准确图像。事实上,地界与天界的不同组成暗示,使用这种地球上的仪器不可能揭示任何有关天界的东西。我们怎能知道来自天体的光和地球表面附近的光具有相同的性质?我们怎样才能知道望远镜不会产生虚幻的影像,就像视野边缘出现的色彩失真一样?鉴于这些针对望远镜的理论反驳,许多亚里士多德主义者认为伽利略的观测是

---

① 开普勒把《星际讯息》(*Sidereus nuncius*)误译为《星际信使》。——译者注

第三章 观察天空：从亚里士多德的宇宙论到自然的均一性

仪器造成的幻觉。断言望远镜能够有效地观测天体，就等于声称地界和天界是由同类物质组成的，伽利略着手证明的正是这一点。

为了向其他天文学家证实自己的仪器和结果，伽利略在博洛尼亚拜访了天文学家乔万尼·安东尼奥·马吉尼（Giovanni Antonio Magini，1555—1617）。伽利略在那里架起了望远镜，以期显示他最具戏剧性的观测结果。结果失败了。根据马吉尼年轻的波希米亚同事马丁·霍尔基（Martin Horky）的报告，他们试图对伽利略的望远镜作出检验，但观测结果显然可能导致误解。个别星体呈现出双像，从而使伽利略主张的木星有卫星受到怀疑。在描述试验的一封信中，霍尔基对开普勒说："[望远镜]在地球上显示了奇迹，在天上则进行欺骗。"①这一失败只能给予保守的怀疑论者以更多支持。

更为积极的响应来自罗马的一所耶稣会大学罗马学院（Collegio Romano）的天文学家。担任罗马学院院长的罗伯特·贝拉闵（Robert Bellarmine，1542—1621）红衣主教是一位博学的著名神学家，他要数学家们就伽利略所报告的发现回答以下问题：

> 首先，您是否确证了许多肉眼看不见的恒星，特别是，银河和星云是由非常小的星体聚集起来的。
> 1. 土星并不是一个单纯的星体，而是三颗星连在一起。
> 2. 金星会改变形状，像月亮一样有盈亏。
> 3. 月球表面粗糙不平。

---

① Galileo Galilei, *Sidereus Nuncius; or, The Sidereal Messenger*, trans. Albert Van Helden (Chicago: University of Chicago Press, 1989), p.93.

4.约有四颗可移动的星体在行星木星周围旋转,其彼此的运动并不相同,而且运动非常快。①

数学家们确证了观测的准确性,不过他们有几个限制条件。例如他们指出:"我们已经看到,土星并不像木星和火星那样呈圆形,而是呈卵形,就像 oOo 的样子,虽然我们尚未看到两侧的小星与中间那颗星离得足够远,以至于我们可以说它们是不同的星体。"②他们确证了月球粗糙的质地和木星的卫星。虽然他们并不同意伽利略对观测结果所作的所有解释,但的确证实了望远镜是一种正当的观察天空的工具。伽利略把望远镜指向天空,发现了与托勒密天文学和亚里士多德宇宙论都不相容的未知现象。然而,他的观察并没有为哥白尼主义提供直接证据,因为第谷体系也可以同样出色地解释观察到的大多数现象。伽利略的望远镜观测有力地证明,构成天界的物质与地界物质相同。这种对自然的空间均一性的断言直接违反了亚里士多德的说法,即宇宙由地界和天界这两个迥异的区域所组成,它们由不同种类的物质所构成,受不同定律的支配,从而增大了亚里士多德宇宙论被瓦解的可能性。

解释《圣经》:伽利略和教会

《星际讯息》讲述的令人兴奋的发现戏剧性地提高了伽利略的

---

① Galileo Galilei, *Sidereus Nuncius*; or, *The Sidereal Messenger*, trans. Albert Van Helden (Chicago: University of Chicago Press, 1989), p.110.

② Ibid., p.111.

公共声誉。该书的出版以及他机敏地把木星的卫星命名为美第奇星,确保了富有的佛罗伦萨美第奇家族对他的赞助,并且任命他从1610年起担任托斯卡纳大公的宫廷哲学家和首席数学家。这一任命提高了伽利略的社会地位,使他摆脱了大学教学的义务,收入也有明显增加。伽利略还获得了一种非常不同的认可。1611年,他应邀加入了由年轻贵族、后来成为亲王的弗雷德里科·切西(Frederico Cesi,1585—1630)建立的规模极小的猞猁学院(Accademia dei Lincei)。切西曾经成立过研究博物学和自然哲学的小组。伽利略很自豪能够身为这个原始科学协会的成员,该协会1613年赞助他出版了关于太阳黑子的著作,并支持他在接下来10年的争论中发挥了作用。切西英年早逝后,猞猁学院幸存了下来,一直到伽利略1633年受审。

尽管耶稣会天文学家愿意接受伽利略的新观测,但他们的态度并不代表整个天主教会。认为伽利略的新宇宙论与《圣经》不相容的几位多明我会修士公开反对他。由于多明我会修士管理着宗教裁判所,他们对伽利略的早期攻击预示着未来会产生问题。早在1612年,多明我会的尼科洛·洛里尼(Niccolò Lorini)就公开抨击哥白尼的思想违背《圣经》。然而,洛里尼对相关内容非常无知,曾说"Ipernicus[指哥白尼],或无论他的名字是什么[他的观点违背了《圣经》]"。① 洛里尼后来向宗教裁判所控诉了伽利略。

1613年,伽利略的学生贝内代托·卡斯泰利(Benedetto Castelli)成为比萨大学的教员。他写信给伽利略说,他在与公爵遗孀

---

① Quoted in Annibale Fantoli, *Galileo: For Copernicanism and for the Church*, trans. George V. Coyne, 2nd ed. (Rome: Vatican Observatory Publications, 1996), p.171.

共进早餐时谈到了伽利略的望远镜发现,大公夫人还问他哥白尼天文学有什么宗教影响。伽利略在给卡斯泰利的回信中概述了自己对科学与《圣经》之间正确关系的看法,说由于科学建立在感觉经验和必然证明的基础之上,因此如果科学与《圣经》中的说法不一致,那不应该质疑科学,反倒是(借用圣奥古斯丁的方法),由于《圣经》的风格是为了让普通人理解,所以有问题的段落可以用非字面的方式进行重新解释。

1614年,另一位多明我会修士托马索·卡奇尼(Tommaso Caccini)在佛罗伦萨就《使徒行传》中的一段文本(1:11)做了一次布道,这段文字的拉丁文本是:"Viri Galilaei, quid statis adspicientes in coelum"("加利利人哪,你们为什么站着望天呢?")[1]显然,伽利略的名字极为荣耀地在《圣经》中被提到!与此同时,洛里尼得到了伽利略写给卡斯泰利的信的一个副本,并把它发给了主持罗马禁书目录委员会的红衣主教,该委员会有权决定把哪些含有违背正统教义的书列为禁书。

伽利略意识到自己的工作遭遇了强大的反对力量,他决定重新写信给卡斯泰利,以便让公众知道。因此,他出版了他在这个问题上的明确声明——《致大公夫人的信》(*Letter to Madame Christina of Lorraine, Grand Duchess of Tuscany, Concerning the Use of Biblical Quotations in Matters of Science*, 1615)。他承认《圣经》中的一些章节如果按字面进行解释似乎与哥白尼宇宙

---

[1] Quoted in Annibale Fantoli, *Galileo: For Copernicanism and for the Church*, trans. George V. Coyne, 2nd ed. (Rome: Vatican Observatory Publications, 1996), p.175.

第三章 观察天空:从亚里士多德的宇宙论到自然的均一性

论相矛盾,最明显的段落可见于《约书亚书》,其中说,神命令太阳停下来以延长白天,从而使约书亚有足够的时间赢得一场战斗。伽利略认为,如果我们正确地理解其含义,那么《圣经》不可能说虚假的东西,但它常常使用比喻性的语言,比如当它提到神的手和脚时。这些比喻性的表述使文本能够为普通人所理解。伽利略援引神的言和神的作品这两本书的隐喻指出:"承认了这一点,我认为在讨论物理问题时,我们不应从《圣经》经文的权威开始,而应从感觉经验和必要的证明开始。因为神圣的《圣经》和自然现象都是由神的言发出的,前者是圣灵的口授,后者则是神的命令的忠实执行者。"①自然的恒定性和均一性带来了感觉经验的可靠性。另一方面,《圣经》可以作比喻的解释。虽然我们应当在《圣经》中寻求真理,但我们在那里找到的真理是属灵的真理。如果上帝不打算让我们使用感官和理性,他不会把它们赋予我们的。用伽利略所谓的"最杰出的传教士"红衣主教切萨雷·巴罗尼奥(Cesare Baroni,1538—1607)的话说:"圣灵的意图是教我们如何去天堂,而不是天如何运转。"②伽利略在《致大公夫人的信》的结尾对约书亚奇迹作了一种哥白尼主义的解释。他宣称,理性与信仰并不矛盾,如果得到正确解释,反倒是相互支持的。

《圣经》解释的问题在宗教改革之后的欧洲变得极为紧张。在

---

① Galileo Galileo, *Letter to Madame Christina of Lorraine, Grand Duchess of Tuscany, Concerning the Use of Biblical Quotations in Matters of Science*, in Stillman Drake, *Discoveries and Opinions of Galileo* (Garden City, NY: Doubleday Anchor, 1957), p.182.

② Ibid., p.186.

特伦托会议上，罗马天主教会重申了自己作为《圣经》唯一解释者的权威，这与公元最初几个世纪基督教教父们的看法一致。伽利略的《致大公夫人的信》之所以会引来麻烦，原因有三：首先，伽利略自认为所持的立场是合理的，便天真地认为自己可以承担起解释的任务。他似乎没有看到在宗教改革和特伦托会议的裁定之后《圣经》解释所具有的争议性；其次，他对哥白尼主义的支持违背了教会传统的地心地静宇宙论，而后者在《圣经》和亚里士多德主义那里都能找到支持；第三，伽利略使用了调适原则，即《圣经》段落之所以写成这样是为了适应普通人的理解，这是宗教改革者经常援引的一种解经策略，因此在教会权威看来是挑衅性的，尽管这种做法其实来自圣奥古斯丁。

出版《致大公夫人的信》之后不久，伽利略听说自己的敌人，尤其是卡奇尼，正试图让宗教裁判所谴责他的著作。部分是为了回应这些传闻，他在罗马度过了1615年至1616年的冬天，积极宣扬哥白尼天文学。他的坚持激起了教会的回应。在贝拉闵的要求下，宗教裁判所的一些神学家考察了哥白尼体系的两个基本命题：

1. 太阳是宇宙的中心，因此不能做位置运动。
2. 地球既非宇宙的中心，也并非静止不动，而是整个在运动，而且作周日运动。①

他们对这些命题作出了如下判断。

---

① Quoted in Fantoli, *Galileo*, p.215.

第三章 观察天空:从亚里士多德的宇宙论到自然的均一性

关于第一条:所有人都说这个命题在哲学[即物理学]上是愚蠢和荒谬的,在形式上是异端的,因为相对于诸位教父和神学博士们的共同解释和理解而言,它在许多地方明显违背了《圣经》的含义。

关于第二条:所有人都说这个命题在哲学上受到了同样的谴责[限制],关于神学真理,它至少在信仰上是谬误的。①

宗教裁判所的红衣主教们考虑了这些判断,并要求现在升任红衣主教的贝拉闵"把伽利略叫到近前,警告他放弃这些意见;如果他拒绝服从,总监[Father Commissary,宗教裁判所的头领]就会在公证员和证人在场的情况下命令他彻底戒绝讲授、捍卫或讨论这一学说和观点;进而,如果他不默许,他将遭到监禁"。②

虽然对于总监是否在伽利略有机会回应贝拉闵之前就事先给了他更为严重的警告,这一点并不完全清楚,但我们知道伽利略的确接受了贝拉闵的警告,而且多年来不再撰写直接有关哥白尼主义的东西。在这次听证会之后,哥白尼的《天球运行论》和开普勒的著作都被列入了禁书目录(书的内容有待修改),直到 1757 年。

贝拉闵对于哥白尼理论的立场显见于他对保罗·安东尼奥·弗斯卡利尼(Paolo Antonio Foscarini,1580?—1616)的反应。弗斯卡利尼是加尔默罗会(Carmelite)修士和神学教士,曾因赞同哥白尼主义并且建议沿着与伽利略类似的方式重新解释《圣经》而遭

---

① Quoted in Fantoli, *Galileo*, p.216.
② Ibid., pp.217-218.

到监禁。贝拉闵给弗斯卡利尼写了一封长信,概述了自己在这些问题上的立场。他说把哥白尼主义当做一个有用的假说来支持没有任何问题,但坚决反对声称该理论描述了实在,因为"这是一件非常危险的事情,不仅可能激怒所有经院哲学家和神学家,而且可能使《圣经》变得不正确从而损害神圣的信仰"。① 贝拉闵提醒弗斯卡利尼注意特伦托会议的裁决,其中"禁止对《圣经》作出有违教父们共识的解释"。② 最后,他说:"如果真能证明太阳处于宇宙的中心,地球在第三层天,太阳不是绕地球转,而是地球绕太阳转,那么我们就不得不非常谨慎地解释似乎相反的经文,并说我们并不理解它们,而不是所证明的东西为假。但我不相信会有这样的证明,除非它能向我显示出来。"③

贝拉闵和伽利略都知道,仅靠视觉证据是无法证明日心说的实在性的。这种证明需要有物理证据,但这样的证据并不存在。伽利略的新运动科学回答了对地球运动的反驳,但并没有提供对地球运动的肯定性证明。望远镜证据使包括贝拉闵在内的耶稣会士相信,亚里士多德宇宙论和托勒密天文学不再可行,但耶稣会士们选择了第谷体系,因为它保持了固定不动的地球,太阳则围绕地球旋转。

在接受贝拉闵聆讯之后的几年中,伽利略继续撰写关于数学和自然哲学的各种主题,但没有直接讨论哥白尼主义。1623 年,罗

---

① Quoted in Fantoli, *Galileo*, p.183.
② Ibid., p.184.
③ Ibid., p.70.

马教皇保罗五世去世,红衣主教马费奥·巴贝里尼(Maffeo Barberini,1568—1644)升任教皇乌尔班八世。巴贝里尼一直支持科学上的新发展。虽然他仍然认为所有天文学理论都是假说,1616年他进行过干预,以防止伽利略遇到麻烦时哥白尼主义被宣布为异端。巴贝里尼的当选使伽利略欢欣鼓舞。更让他感到乐观的是,1624年4月,教皇与他进行了6个小时的会谈。虽然教皇并没有改变关于天文学理论假说地位的看法,但伽利略感到,只要把理论处理成假说,就可以再次自由地讨论哥白尼主义。

在这种情况下,伽利略着手撰写关于哥白尼争论的伟大总结——《关于托勒密和哥白尼两大世界体系的对话》(*Dialogue Concerning the Two Chief World Systems—Ptolemaic and Copernican*,1632)。《对话》描述了关于亚里士多德宇宙论和托勒密天文学与哥白尼天文学相对优劣的四天讨论。三位对话者分别是代表伽利略立场的萨尔维阿蒂、捍卫传统观点的辛普里丘(名字与6世纪的一位亚里士多德评注者相同)以及一个有教养的门外汉沙格列陀(另外两个人都试图说服他)。虽然伽利略采用了对话形式来假说性地处理天文学理论,但萨尔维阿蒂对辛普里丘论证的反驳根本无法抵抗,以至于借口假说显然是一个幌子。

在《对话》的第一天,对话者讨论了天界与地界之间根本的均一性,这与亚里士多德的宇宙论相违背。萨尔维阿蒂援引第谷对彗星和新星的观测以显示天界的易变性,援引伽利略的望远镜观测以指出两个区域之间的物理相似性。他还介绍了伽利略的新运动科学以回应针对地球运动的亚里士多德主义反驳。第二天继续讨论地球的运动,关注地球每日的绕轴自转。在第三天,对话者考虑了地球围绕太阳的周年运转,萨尔维阿蒂再次援引各种观测结果以显示这种运动的物理可能性。第四天是辩论的高潮,萨尔维阿蒂提出了一种潮汐理论,伽利略认为这是对地球运动无可怀疑的证明。尽管理论有深层缺陷,但伽利略还是多次援引它,因为连伽利略也意识到,他的所有其他论证至多只是显示了地球运动的可能性,而没有证明地球实际在运动。

伽利略于1629年完成了这本书。此时在教会管辖下出版的所有书籍都需要教会的审查批准方可出版。1630年,伽利略把《对话》交给了罗马的检查员,后者断定它的假说性不足,需要做一些修改。检查员要求写一篇新的序言来指出这些修改。与此同时,伽利略回到了家乡佛罗伦萨,这里正由于瘟疫暴发而进行检疫隔离。罗马许可他把书交给佛罗伦萨的一位检查员,他最终收到了检查员的出版批准。这本书于1632年问世。

《对话》出版后不久,伽利略的敌人开始行动起来反对他,他的麻烦逐步升级。在若干年前关于太阳黑子的争论中,伽利略失去了耶稣会士的支持,如今耶稣会士们游说教皇禁止这本书。随着对该书本质的了解,教皇开始敌视这本书。检查员所要求的序言与书的主体是分离的,因此似乎是多余的。此外,代表亚里士多德的对话者辛普里丘表现得宛如一个傻瓜(辛普里丘的名字意为"傻瓜",这也强化了这样一种印象),他表达了教皇早先与伽利略会面时向其传达的一些意见。遵照教皇指示行事的罗马检查员试图召回所有流通的书籍。与此同时,宗教裁判所发现了1616年伽利略接受贝拉闵聆讯的会议记录,其中调查者找到了宗教裁判所的总监可能向伽利略发出的禁令,即他必须"彻底戒绝讲授、捍卫或讨论这一学说和观点;进而,如果他不默许,他将遭到监禁"。①

宗教裁判所传唤了伽利略,指他有三项罪名:第一,他没有把哥白尼主义处理成假说,从而违背了之前的命令;第二,他错误地把潮汐现象归因于太阳的稳定性和实际上并不存在的地球运动;第三,他欺骗性地对宗教裁判所1616年下达的命令保持沉默。这一案件于1633年开庭审理。到了这个时候,伽利略是出席过1616年聆讯的唯一仍然健在的人,那次聆讯的会议记录——宗教裁判所可能已经做了改动——是反对他的关键证据。最后,伽利略被迫宣布放弃以前的信仰,但即使在酷刑的威胁下,他也拒不承认自己是恶意对1616年的命令欺骗性地保持沉默。他被判终身监禁,但被减刑为软禁。他从未受过酷刑,也没有在狱中备受煎熬。教会禁了《对话》,直到19世纪才从禁书目录中将其取消。

直到1642年去世,伽利略一直在工作。他完成了《关于两门新科学的谈话》(Discourses Concerning Two New Sciences,1638),讨论的是运动科学和材料强度。他的一些学生把这本书偷运出意大利,带到了处于教会管辖范围之外的阿姆斯特丹。该书出版于1638年,对17世纪新运动科学的形成起到了关键作用。

应用天文学:星辰的影响

除了扩大观测和改进数学理论,近代早期的天文学家和自然哲学家们仍然关注着天体对地界事件的影响。虽然我们今天区分

---

① Quoted in Fantoli, *Galileo*, pp.217-218.

天文学(对天体运动和属性的研究)和占星学(关于天体对地界事件和人类生活影响的理论),但在近代早期,这两个学科并没有被明确区分开来。事实上,直到18世纪,在一些意大利大学的课程介绍中,这两个词都可以交替使用。

近代早期思想家区分了占星学的两个方面:自然占星学(natural astrology)讨论天界对自然现象的影响,比如气候、农业以及像传染病或重大的政治或宗教运动这样的集体人类事件;神判占星学(judicial astrology)基于出生天宫图(natal horoscopes),讨论天体对个体生命过程的影响。没有人怀疑,太阳和月亮的运动直接影响着农作物的生长和季节的常规进程。同样,他们认为天体的运动会直接或间接地影响人的健康。在解释这些影响时,占星家会诉诸当时流行的自然哲学所描述的自然原因。

从远古时代到17世纪,神判占星学一直饱受争议。从4世纪的圣奥古斯丁开始,基督教神学家谴责占星学,因为星辰的决定性影响会限制上帝和人的自由意志。13世纪的托马斯·阿奎那接受了星辰对人的生活的影响,他认为身体可以影响心灵,而星辰可以影响身体。但人可以通过自由意志来抵抗激情,从而抵制星辰的影响。他引述托勒密的话说,星辰施加影响但并不强迫。

文艺复兴时期的赫尔墨斯主义哲学家乔万尼·皮科·德拉·米兰多拉(Giovanni Pico della Mirandola,1463—1494)写了一篇很长的文章来抨击占星学,即《驳占星学》(*Disputationes adversus astrologiam divinatricem*,1495)。当时的占星家曾预言皮科会英年早逝,这可能激起了他的争论。皮科区分了天文学和占星学:"当我说占星学时,我并不是指那种精确而高贵的技艺,即对星辰

第三章 观察天空:从亚里士多德的宇宙论到自然的均一性

的尺寸和运动进行数学测量,……而是指通过星辰来解读即将到来的事件,这是唯利是图的骗子所作的欺骗,它为民法和教会法所禁止,为人类的好奇心所保存,为哲学家所嘲笑,为沿街叫卖的小贩所发展,但凡最优秀和最谨慎的人都会怀疑。"①

皮科还把占星学称为"所有欺骗中最具传染性的,我们将会表明,它败坏了所有哲学,歪曲了医学,削弱了宗教,产生或加剧了迷信,鼓励了偶像崇拜,破坏了明智的行为,玷污了道德,诽谤了天堂,使人变得不幸、困扰和不安;占星学不是使人自由,而是几乎使人的任何事情都缺乏独立性和不成功"。② 他指出,占星学会产生不确定的结果。正如阿拉伯和希伯来的哲学家们所说,预言可能不会"成真,因为物质不大可能受影响,自由意志不大可能干预事物,神的目的也不大可能'不按照天的通常旋转所产生的影响来支配事物'"。③ 他反对占星学的一些技术方面,尤其是他认为武断的一些观念,如圆有 360 度,或空间部分可能会影响个人生活。皮科认为天体可以通过光和热起作用,但不能像神判占星学的一些支持者所声称的那样,通过更隐秘的影响和感应来起作用。

皮科对占星学的攻击促使他人为这门技艺作辩护。那位曾经(正确)预言皮科英年早逝的占星家卢奇奥·贝兰蒂(Lucio Bel-

---

① Giovanni Pico della Mirandola, *Disputationes adversus astrologiam divinatricem*, ed. Eugenio Garin, 2 vols. (Florence, Italy: Vallecchi, 1946 - 1952), 1:40; trans. and quoted in Wayne Shumaker, *The Occult Sciences in the Renaissance: A Study in Intellectual Patterns* (Berkeley and Los Angeles: University of California Press, 1972), pp. 18 - 19.

② Pico, *Disputationes*, 1:44 (Shumaker, p.19).

③ Ibid., 1:100 - 102 (Shumaker, p.19).

lanti,? —1499)写了一篇长文来反驳皮科对占星学的攻击,称它为一门合法的亚里士多德主义科学。乔万尼·蓬塔诺(Giovanni Pontano,1429—1503)也回应了皮科对占星学的谴责。蓬塔诺赞同"星辰并不造船,也不提供惩罚罪犯的斧子,亦不建立王国或政府,所有这些活动都由人来决定"。① 但通过作用于构成人的体液,星辰把影响施加于个人。虽然局部情况会决定获得结果的具体方式,但占星学的影响仍将决定死亡、成功或疾病等事件的一般概貌。

新教改革者对占星学看法不一。路德宗神学领袖菲利普·梅兰希顿(1497—1560)认为,神意保证了造物的每一个部分都有一个目的。因此,天体提供了关于人性和人的事务的知识。而加尔文则基于神学和方法论的理由拒绝接受神判占星学。他指出,神的自由使神可以克服天界的影响,皈依的体验往往可以深刻改变人。他认为占星学会导出荒谬的结论。例如,即使双胞胎拥有相同的天宫图,两者的生活也往往非常不同。加尔文问,在一场战斗中死去的数以千计的人是否必定拥有相同的天宫图。他还把这种论证推向极端,以表明他所认为的神判占星学是多么荒谬。占星家们

> 会告诉一个人他将有多少妻子。是的,但他们是否在他的星辰中找到了其第一任妻子的天宫图,以至于能够知道她将活多久呢?通过这个过程,众妻子将不会有她们自己的天宫图。……简而言之,由这种推理可得,每一个人的天宫图都将包括对一个国家整体趋势的判断,因为[占星家们]吹嘘自

---

① Pontano, quoted in Shumaker, *Occult Sciences*, p.31.

第三章 观察天空:从亚里士多德的宇宙论到自然的均一性

己能够判断一个人的婚姻是否幸福,与他人的邂逅是幸运还是不幸,可能会陷入什么危险,是否会被杀害或死于疾病。想想我们一生中要与多少人打交道吧。①

文艺复兴时期关于占星学的争论类似于现代关于遗传和环境在个人成长中作用的争论。

近代早期大多数重要天文学家的确会占星,这往往是为了满足其赞助人对历书、出生和预言的要求。例如,信奉路德宗神学和帕拉塞尔苏斯宇宙论(基于大宇宙或天界与小宇宙或人之间的对应关系)的第谷·布拉赫为神判占星学所作的辩护是,任何造物都不乏神意的目的,天界的目的就是为人这个小宇宙提供洞见。开普勒也占星,但很不情愿,不是因为他反对占星学,而是因为他认为占星学的某些方法需要修改。有趣的是,哥白尼天文学的兴起并没有削弱神判占星学,因为天宫图仍然出自地心观点:天体相对于地球的位置是占星学的重要变量。虽然对占星学的兴趣在某些圈子尤其是流行文化中继续保持着,但是到了 17 世纪末,天文学家和自然哲学家们已经不再占星,对神判占星学也没有表示出太多兴趣。

彗星曾在占星学思考中起了特殊的作用。由于表面上不可预知,人们把彗星解释为地球上政治宗教事件的征兆。例如,英国占星家把 1680 年至 1681 年冬季的大彗星解释为 1679 年至 1681 年政治危机所引发的可怕后果的征兆,这场危机源于没有继承人的

---

① Jean Calvin, *Avertissement contre l'astrologie*; *Traité des reliques*; *suivies du Discours de Théodore de Bèze sur la vie et la mort* (Paris: Librairie Armand Colin, 1962), p.11 (trans. Shumaker, *Occult Sciences*, p.45).

英王查理二世试图禁止他的天主教弟弟继承王位。但正如天文学家约翰·弗拉姆斯蒂德(John Flamsteed,1646—1719)在 1677 年所写,如果 1677 年的彗星碰巧在 12 年后返回,"它将完全推翻占星家的猜想[和]可怕预言"。[①] 牛顿在短短几年内证明了许多彗星确实定期返回。事实上,和行星一样,彗星也沿着椭圆轨道运转,太阳位于该椭圆的一个焦点,尽管彗星的轨道偏心率极大,以至于可以当做抛物线来处理。当天文学家埃德蒙·哈雷(Edmond Halley,1656—1742)表明,1681 年的彗星正是此前每隔大约 75 年出现一次的彗星时,这一结论得到了戏剧性的支持。

彗星是沿轨道运转的定期重现的天体,这一发现是对其占星学含义的沉重打击。正如哈雷在充当《自然哲学的数学原理》序言的"牛顿颂"中所说:

> 现在我们知道可怕的彗星有怎样的曲线路径;我们不再惊叹于胡须星的出现。[②]

---

① Flamsteed to Richard Towneley, 11 May 1677, Royal Society MSS.LIX.c.10, quoted by Simon Schaffer, "Newton's Comets and the Transformation of Astrology," in *Astrology, Science, and Society: Historical Essays*, ed. Patrick Curry (Wolfeboro, NH: Boydell, 1987), p.222.

② Edmond Halley, "Ode on This Splendid Ornament of Our Time and Our Nation, the Mathematico-Physical Treatise by the Eminent Newton," in Isaac Newton, *The Principia: Mathematical Principles of Natural Philosophy. A New Translation*, trans. I. Bernard Cohen and Anne Whitman, assisted by Julia Budenz (Berkeley and Los Angeles: University of California Press, 1999), p.379.

第三章 观察天空:从亚里士多德的宇宙论到自然的均一性

虽然他们可能破坏了彗星的占星含义,但牛顿及其追随者赋予了彗星以宗教意义,把它们解释为上帝对宇宙的神意设计的重要组成部分。

在哥白尼和开普勒赞同日心天文学之后,新的观测,尤其是伽利略用望远镜所作的那些观测,继续瓦解着亚里士多德的宇宙论。虽然当时没有明确表示,但这些观测增强了以前独立的物理学和天文学之间更加紧密的关系。由于新的观测逐渐破坏了亚里士多德的宇宙论,它们已经严重影响了一种曾与亚里士多德主义有密切关联的神学。重新强调观测不仅成为评价天文学理论的标准,而且也成为评价解经方法和传统占星学说法的标准。

第四章 创造一种新的自然哲学

17世纪初,自然哲学家们有意寻求一种新的自然哲学以取代亚里士多德主义,数个世纪以来,亚里士多德主义一直充当着自然哲学的概念框架,并且主导着大学课程。宗教改革、日心天文学的发展、天上新奇的发现以及对未知世界的探索使许多思想家拒绝接受自然界的传统理解方式。在恢复古代哲学的过程中,文艺复兴时期的人文主义者使每每转向古代文本寻找新思路的学者们有机会利用亚里士多德主义的若干替代品。虽然自然哲学家们考虑了若干不同的候选者以取代亚里士多德主义,但许多人采取了后来被称为机械论哲学的某种版本,这种哲学通过物质和运动来解释一切自然现象。

机械论哲学源于伊壁鸠鲁(Epicurus,公元前341—前271)的哲学,和其他古代哲学家一样,伊壁鸠鲁也在寻求美好生活的关键。他认为,美好生活能使快乐最大,痛苦最小。伊壁鸠鲁相信,除了肉体上的痛苦,人类不幸福的最大根源在于对神灵的恐惧和对死后惩罚的焦虑。为了消除这些困扰的起因,他试图通过纯粹自然主义的方式,即物质原子(不可分的物质微粒)的偶然碰撞来解释一切自然现象,从而消除神对人的生活的干预。他声称,人的灵魂和世界上其他一切事物一样是物质的,是由极小的快速运动的原子构成的。根据伊壁鸠鲁的说法,灵魂不会随着人的死亡而死亡。由于没有来世,对死亡和死后惩罚的所有恐惧都消失了。伊壁鸠鲁认为,无限数目的原子一直存在着。伊壁鸠鲁主义虽然不是绝对的无神论,但它否认神在自然界或人的世界中发挥作用,从而排除了神对人的生活的任何干预,否认世界中存在着任何神意。由于这种无神论和唯物论的名声,伊壁鸠鲁主义在古代声名狼藉,在基督教的中世纪几乎被遗忘。随着伊壁鸠鲁及其罗马弟子卢克莱修的著作在15世纪被重新发现和出版,伊壁鸠鲁主义在近代早期得到了复兴。

宇宙的机械化:物质和运动

近代早期的机械论哲学著作开篇通常会解释这种自然哲学的第一原理,即关于空间、时间、物质、运动和原因的理论。详细说明这些第一原理等于确立了其新哲学的基本解释术语,接着机械论哲学家会表明如何用这些基本术语来解释物体的所有性质和自然界中的一切现象。

在17世纪上半叶,皮埃尔·伽桑狄(Pierre Gassendi,1592—1655)和勒内·笛卡儿(René Descartes,1596—1650)这两位自然哲学家第一次出版了对机械论哲学最有影响的系统说明。他们虽然在一些特定议题上看法有所不同,但都致力于通过物质和运动来解释世界上的一切事物。

伽桑狄是一位与法国的自然哲学家群体关系密切的天主教神父,他终生致力于对伊壁鸠鲁的原子论进行修改,以使之与基督教神学相容。因此,他坚持对伊壁鸠鲁主义作以下几项修改:上帝存在;上帝创造了有限数量的不可分割的原子并赋予其运动;上帝与造物保持着神意关系;人和上帝都有自由意志;存在着非物质的、不朽的人的灵魂,这是上帝在每个人受孕那一刻为其注入的。伽桑狄断言,在空的空间中碰撞的原子是物理世界的组成部分。在1658年出版的遗著《哲学论著》(*Syntagma philosophicum*)中,伽桑狄试图通过原子和虚空来解释物质的所有性质和一切世间现象。伽桑狄以文艺复兴时期的人文主义风格写作,采用与古希腊罗马思想家的对话形式提出了自己的思想。

伽桑狄认为原子在空的空间——虚空中运动。在声称虚空存在时,他不同于几乎所有其他认同亚里士多德的观点、即宇宙充满物质的自然哲学家的看法。根据伽桑狄的说法,有一个世界之外的(extramundane)巨大虚空包含着上帝创造的宇宙。这一世界之外的虚空无限、无形地延展着。除了这个宇宙空间,伽桑狄认为虚空将原子彼此隔开。他诉诸古代原子论者最先提出的论据,以证明这种间隙的或微粒间的虚空存在着。伊壁鸠鲁曾论证说,为了让原子移动,必须存在空的空间使它们可以进入。伽桑狄还借鉴了希腊物理学家和工程师亚历山大的希罗(Hero of Alexandria,约10—70)的论证。希罗曾经在构成物体的物质与一堆沙子或小麦的属性之间作了类比。正如空气或水把一个个沙粒或麦粒分离开来,小虚空也把构成物体的微粒分离开来。风箱的运作形象地说明空气可以被压缩和稀释。要想解释压缩和稀释,要求原子之间存在小虚空。伽桑狄援引其他现象来说明同样观点:饱和的食盐水,染料在水中的扩散,光、热和冷在空气和水中的渗透,他认为所有这些东西均由物质微粒所构成。伽桑狄认为还存在着第三种虚空,即他所谓的聚集的(*coacervatum*)虚空。这种虚空不会自然存在,但水泵、虹吸管、风箱等各种人造机器都可以产生它。有一种仪器能够产生持久的虚空空间,比如伽桑狄最为关注的例子——气压计中水银上方的空间。

水银气压计是一根一端封闭的玻璃管。它充满了水银,然后倒过来浸入一个容器中。接着,管中水银下降到大约 30 英寸(76 厘米)的高度,水银上方留下了一个看起来空无所有的空间。两个有关气压计的问题困惑着当时的自然哲学家:是什么使水银悬浮在管中?水银上方的空间中果真什么物质都没有吗?根据亚里士多德主义者对气压计的传统解释,是自然"惧怕虚空"(*horror vacui*)使水银柱保持悬浮状态。亚里士多德主义者认为,某种蒸汽或以太充满了水银上方的空间,因为他们不承认自然之中可能存在虚空或真空。

伽桑狄拒绝接受关于这些现象的传统解释,他求助于纯力学术语——空气的压力和阻力。他的解释基于几位同时代人特别是埃万杰利斯塔·托里拆利(Evangelista Torricelli,1608—1647)和布莱斯·帕斯卡(Blaise Pascal,1623—1662)的实验。帕斯卡在多姆山(Puy de Dôme)山脚下测量了气压计中水银柱的高度,然后把气压计带上山,观察到水银柱随着高度的升高而下降。他得出结论说,空气的重量把水银悬浮在管中。他这种说法基于一个假设,即随着海拔的增加,他上方的空气量减少,从而对水银柱的压力较小,导致水银柱下降。帕斯卡尔还声称在水下做过类似的实验,产生了类似的结果:气压计被置于水下越深,水银柱就升得越高。他把水银高度的增加归因于他下降时水的压力越来越大。和帕斯卡一样,伽桑狄也把这些实验解释为确立了这样一个事实,即水银上升是因为空气的重量,而不是由于自然惧怕虚空。

气压计实验引出了水银上方的空间是否实际为空这一附加问题。伽桑狄认为,光、热和冷的微粒、磁微粒以及地球发出的引起重力的微粒全都透过玻璃管进入了水银上方的空间,这些看法似乎否定了那个空间是绝对真空。不过他指出,光物质、热冷物质或磁性物质都无法穿透水银上方的空间,除非这一空间包含着某种虚空。否则两个物体将同时占据同一空间,而这显然是不可能的。他得出结论说,不借助隐秘的自然惧怕虚空便可以解释气压计实验,这些实验支持虚空的存在,即使一些物质微粒的确进入了空间。其他自然哲学家以不同方式对实验作了解释。物理学家和数学家罗贝瓦尔(Gilles Personne de Roberval,1602—1675)承认水银上方存在着虚空,但拒绝接受空气柱的解释作用。笛卡儿承认空气柱解释了水银的高度变化,但拒绝接受虚空存在。帕斯卡则两者都接受。

在心满意足地认为虚空存在之后,伽桑狄追问虚空中存在着什么。其回答是,虚空中存在着物质。他在开始讨论物质之初便划定了有形的东西(物质)与无形的东西(上帝、天使、魔鬼和理性的灵魂)之间的界限。物质性的东西之所以不同于无形的东西,是因为物质都有体积或大小,他的意思是说,物质是能够抵抗其他物体的可触的东西。原子构成了物质性的东西。原子是完全充实的、坚硬的、不可分的微粒,均由同一种物质所构成。其微小的尺寸使之无法直接观察到,但各种常见现象显示了它们的存在。风

第四章 创造一种新的自然哲学

表明不可见的物质能够产生可见的物理效应。铺路石和犁之所以会逐渐磨损,是因为不断受到摩擦,尽管一次摩擦不会产生明显的变化;因此,它们是由极小的物质微粒所构成的。气味在空气中扩散是因为微小的粒子从物体流入了鼻孔。原子不包含虚空,因此是不可分的。间隙的或微粒间的虚空把原子彼此隔开。

这些原子还具有哪些属性?除了大小和形状这些几何性质,原子还具有成为物质本原所必需的两种属性:抵抗性(或坚固性)和重量。坚固性或抵抗性(不可入性)使原子能够通过接触起作用。原子的抵抗性或坚固性以及大小将其与非物质的数学点区分开来。原子所固有的重性使之能够运动。伊壁鸠鲁认为运动倾向是固有的,而伽桑狄却声称上帝赋予了原子以运动性和能动性。虽然上帝把运动强加于原子,但原子的运动会永远持续。上帝起初创造了原子,制成了最初的事物。随后的所有生灭变化都源于最初原子的运动、碰撞和重新排列。尽管原子不能被我们感知到,但新近发明的显微镜揭示了一个复杂得惊人的不可见世界。我们通过显微镜观察到,面粉颗粒呈现出复杂的图样,由各种不同形状的部分所构成,微小的虫子也拥有若干个不同器官。虽然原子有各种形状,但它们能够以各种组合方式产生世间万物,就像22个拉丁字母能够以各种组合方式产生极为复杂的语言一样。

在由原子构成的世界里,因果性问题变成了有关原子如何相互作用的问题。根据伽桑狄的说法,原子的能动性在于它们的运动。上帝这个第一因凭借其权力将运动从而能动性注入原子之中。所有物理变化都源于原子的位置运动和碰撞。亚里士多德在

《物理学》中曾经列举了生灭、量的变化和质的变化等若干种变化,而伽桑狄却把它们都归结为原子的运动。原子通过接触和碰撞彼此传递运动。因此,碰撞是物理世界中变化的主要动因。即使推动者与被推动者之间的接触并不明显,例如磁吸引或火生热,也会发生不可见的原子层次上的接触。和亚里士多德一样,伽桑狄也声称世界上不存在超距作用。

通过广泛讨论原子和虚空,运动和变化,伽桑狄已经为自然哲学制定了一种新的概念框架:世界是由什么东西构成的? 是原子和虚空。这些东西通过什么方式发生相互作用? 通过运动和碰撞。在回答这些问题时,伽桑狄已经用机械论的概念框架取代了传统的亚里士多德主义,他认为自然哲学应当在机械论的概念框架中加以表述。

伽桑狄的同时代人笛卡儿也提出了一种机械论的自然哲学。伽桑狄切入哲学问题的方式是首先考虑古代哲学家的意见,而笛卡儿则试图从他认为自明和确定的某些原理推出其哲学。他利用当时流行的怀疑论论证,认为之前的所有知识都是不确定的,都需要进行质疑。在进行大量反思之后,他声称"我思故我在"是不能怀疑的,因为怀疑这一行为本身就要求有一个怀疑主体存在着。然后,他把心灵定义为一种思想着的东西,并把心灵与他所谓的"广延物"相对比,指出物质在经历任何性质变化时仍然拥有的唯一属性便是广延,亦即它占据三个维度。由笛卡儿把物质等同于广延立即可以推出虚空是不可能的。而由于几何空间的无限可分性包含着空间广延的无限可分性,所以物质也是无限可分的。

对笛卡儿来说,解释密度变化是很困难的,因为他认为物质充

第四章 创造一种新的自然哲学

满了所有空间。由于构成较大物体的物质微粒之间没有散布任何空间,因此所有物体都将具有相同的密度。我们从经验上观察到存在着密度差异,比如羽毛和铅块之间。笛卡儿试图在他关于物质本性的假定的前提下解释这一事实,其方法是把不同物质之间的密度差异类比于充满空气的干燥海绵与充满水的湿海绵之间的差异。干燥的海绵和充满水的湿海绵都充满了物质,但密度却不同。连他的同时代人也认识到这种解释无法令人满意;对于否认虚空存在的哲学家们来说,解释密度差异的问题仍然继续存在。

在《哲学原理》(*Principia philosophiae*,1644)中,笛卡儿对运动作了比伽桑狄在《哲学论著》中更为详细的说明。笛卡儿表述了运动定律,认为这些定律将为一种数学的运动科学提供基础。虽然"自然律"这一术语自古典时代以来一直被使用,但笛卡儿第一次把某些特定的命题等同于自然律。他诉诸上帝的不变性,试图由第一原理推导出运动定律。然后,他试图由运动定律推导出数学的碰撞定律,以描述两个物体碰撞后如何运动。虽然连他的同时代人也认识到其碰撞定律的不足之处,但这些定律在其体系中占据的突出位置反映了它们在机械论哲学中的重要性,根据这种哲学,接触和碰撞是物理世界中唯一可能的原因。在确立了构成其体系基础的物理学之后,笛卡儿试图为天的运动、光、物体的性质乃至人体等一切世间现象提供机械论解释。

笛卡儿很清楚天文学的发展,并试图用机械论术语创造一种新宇宙论。由于希望避免伽利略的命运,笛卡儿试图掩饰自己的哥白尼主义。实际上,当他了解到伽利略1633年被定罪之后,他把17世纪30年代初写的第一本著作——《世界》(*Le monde*)隐藏了起来。当《哲学原理》于1644年最终出版时,他竭力掩饰自己的真实看法。别忘了,他否认虚空存在。由于在笛卡儿的宇宙中,一切物体都沿着弯曲的路径运动,他推理说,物体的组合运动将在天体之间的空间中产生巨大的漩涡,即他所谓的涡旋(vortices)。每颗恒星都处于一个涡旋的中心。这些天体发出自己的光,因为涡旋的圆周运动在精细物质微粒中产生了一种离心倾向(一种从中心向外移动的倾向),而那些运动微粒将使我们感知到光。由于较小微粒的向外运动会在靠近中心处留下空的空间,而笛卡儿的世界中并无空的空间存在,所以涡旋中较远的微粒会把较大微粒推到离涡旋中心较近的空间中,从而产生较大微粒的重量或重力。

行星在构成太阳涡旋的物质中围绕太阳运转。这幅图景如何能够避免笛卡儿赞同哥白尼天文学这一结论呢?笛卡儿把物体的"位置"定义为直接包围物体的物质。严格说来,地球是不动的,因为地球并没有相对于包围它的涡旋中的物质移动。笛卡儿因此声称,他不必作出地球在运动这一受到谴责的断言。

笛卡儿希望耶稣会士能把《哲学原理》当做一本物理学教科书来接受,以取代他们在学院中仍然使用的亚里士多德主义文本。1662年,《哲学原理》在笛卡儿去世后遭到谴责,1663年即被罗马天主教会列入禁书目录,以回应他试图为基督实际存在于圣餐之中提供一种机械论解释,这一切都注定笛卡儿的那种希望会破灭。

另一位自然哲学家托马斯·霍布斯(Thomas Hobbes,1588—1679)是萦绕在机械论哲学周围的幽灵。他的体系加剧了一种恐惧,即机械论哲学会导致唯物论和无神论。在《哲学原理》(*The Elements of Philosophy*,1655)中,霍布斯完全基于机械论原理阐述了一种包括物质、人和国家在内的完备的自然哲学。虽然其机械论哲学的细节并非很有影响,但霍布斯对人的灵魂的机械论说明和对自然界彻底决定论的解释却使当时较为正统的思想家感到震惊。

解释世界:明显的和隐秘的性质

在心满意足地把物质和运动确立为解释自然现象的基本术语之后,机械论哲学家们试图表明用这些术语可以解释物体的一切性质。从这个意义上说,机械论哲学充当着这样一种语言,它能够为一切实际现象以及可能存在的现象提供解释。伽桑狄的《哲学论著》和笛卡儿的《哲学原理》等关于机械论哲学的系统论著都试图表明如何用机械论术语来解释事物的各种性质。

在用这种进路处理性质时,机械论哲学家直接针对的是亚里士多德的实际性质和实体形式等观念。根据传统看法,颜色、味道和气味等性质是物体实际固有的。举例来说,一个红色的物体的的确确是红的;无论我们如何精细地分割该物体,其物质仍然是红的。而机械论哲学家则声称,物体的颜色源于(无色的)光微粒对我们眼睛的作用。因此,红从来没有真正存在于观察到的物体之中;物体表面的物质微粒的位形会影响物质光线的运动,使得光线在撞击我们的眼睛时,其运动和位形引起红的感觉。

中世纪的亚里士多德主义者引入了实体形式这一概念来解释复合实体如何可能拥有其各个组分所缺乏的性质。例如,火药的成分——硫黄和硝石并不具备它们复合起来之后的爆炸力。为了解释火药和其他复合实体(在17世纪被称为"混合物")如何拥有这样的附加属性,亚里士多德主义哲学家引入了实体形式的概念,是实体形式赋予了该复合物以特殊属性。机械论哲学家们从体系中消除了真实性质和实体形式,通过微观物质微粒的运动和位形及其对我们感觉器官的影响来解释所有性质。

鉴于对世界的机械论解释,第一性质和第二性质学说不仅成为知觉理论的核心,也成了物理学的核心。根据第一性质和第二性质学说,物质实际上只拥有少数几种性质,即所谓的第一性质。所有其他性质,如颜色、质地、气味等等,都是构成物体和我们感官的物质位形相互作用的结果。在伽桑狄看来,第一性质是大小、形状和重量;而在笛卡儿看来,物质只拥有一种第一性质,那就是广延。机械论哲学家的基本问题就是解释物体的微粒结构如何能够产生它们的第二性质,并且理解我们对这些性质的知觉。

对于伽桑狄来说,所有物体都是类似的,因为它们均由原子和虚空所构成。某个物体之所以拥有其特殊性质,是因为构成该物体的原子的排列。伽桑狄用原子论的术语重新解释了亚里士多德的实体与偶性概念、质料与形式概念:对他而言,形式不过是构成物体的原子的位形罢了。构成物体的原子和虚空的位形解释了物体的所有其他性质。性质要想变得明显有两种方式:或者是通过影响我们的感官,或者是影响其他物体,从而使我们对这些物体的感觉发生变化。

伽桑狄试图用机械论解释各种各样的性质:疏与密、透明和不透明;大小、形状、精细、光滑和粗糙;运动性;重和轻;冷和热;流动性和硬度、湿和干;柔软、刚性、韧性、弹性和延展;味道和气味;声、

第四章 创造一种新的自然哲学

光和颜色。例如,他通过微粒模型来解释光的现象。通过比较光束和物质微粒流,他指出,正如一粒豆子或另一种物质微粒从墙壁上弹回来是因为它无法穿过已由另一个物体占据的空间,所以物质光线也是通过碰撞而从物体那里反射回来的。某些物体是透明的,允许光线透过它们,这似乎是对光的物质性的一个反驳。但伽桑狄用原子论解释了这种现象,他认为,某些物体之所以是透明的,是因为有许多孔隙把构成物体的原子分离开来,使得光微粒可以轻易地从它们之间通过。

考虑筛子的类比。将一捧沙粒丢到筛子上。落到孔洞上的沙粒会直行通过,而那些落到坚实部分的沙粒则会反弹。因此,当光线落在固体上时,落在坚实部分的微粒将会反弹,落到孔洞上的微粒则会通过。有时一个孔没有穿透整个物体,而是在其内部发生扭转。进入这种孔洞的光微粒将会消失在物体内部,从而解释了光的吸收。伽桑狄运用丰富的观察、类比、猜测和想象,试图表明如何能够只通过物质和运动来解释任何已知的现象。

机械论哲学家决意把所有现象都纳入机械论范畴,并把超距作用从自然界中驱逐出去,他们试图用机械论术语来解释传统的隐秘性质。在现代用法中,"隐秘的"(occult)一词指的是某种魔法的或精神的东西,而在近代早期,这个词仅仅指"隐藏的"。所谓的隐秘性质拥有隐藏的、并非立即清楚的原因。伽桑狄认为,机械论原理可以解释隐秘性质,就像可以解释所谓的明显性质一样。我们不知道产生隐秘性质的机制并不能证明大自然的正常进程不会产生这些性质。

这种隐秘性质的例子包括世界上一切所谓的同感(sympathies)和反感(antipathies),伽桑狄用机械论术语对其中许多性质进行了解释。人们曾用隐秘的同感来解释吸引(否则便无法解释),如摩擦后的琥珀能够吸引稻草,而此时它得到了机械论解释:吸引是由"钩子、绳索、刺棒、刺针等诸如此类的东西造成的,它们虽然看不见,但绝不能说不存在"。例如:

> 当我们观察到蜥蜴从半手宽处抓住苍蝇送入口中时,我们看到了一个吸引器官——舌头,它非常灵活地颤动和回缩,其末端具有粘性且弯向自身。那么,在其他情况下你对发生的事情会如何判断?例如,当你摩擦琥珀、封蜡等电体时,它们会抓住、吸引并持有稻草等轻物。事实上,这类电体似乎发出了无数像舌头一样的小射线,这些小射线把其末端悄悄潜入那些轻物的孔隙中,把它们抓住、带回并持有。①

种种不同寻常的现象可能会使我们感到惊奇:向阳植物会追随太阳,羊肠线做的弦与狼肠线做的弦据说不可能调节得完全协和,蛇怪的目光有毒,用音乐可以迷住蛇,电鳐会产生电击,印头鱼有一种奇特的力量可以使船遽然停下,各种物质的药性,武器药膏(weapon salve)具有穿过遥远距离的治疗能力。然而,根据伽桑狄的说法,没有理由认为产生这些不同寻常的现象的原因与产生最熟

---

① Pierre Gassendus, *Syntagma philosophicum*, in Petrus Gassendi, *Opera omnia*, 6 vols. (1658; facsimile repr., Stuttgart-Bad Cannstatt: Friedrich Frommann Verlag, 1964), 1:450.

悉结果的原因有什么不同,它们均源于原子在虚空中的运动和碰撞。

笛卡儿也列举了物体的各种性质,无论是明显的还是隐秘的,并为之提供了机械论解释。和伽桑狄等机械论哲学家一样,笛卡儿表明了这些性质——重力、光、热、空气的稀释和压缩、水的凝结和蒸发、潮汐、水银等化学物质和金属的特殊属性、火和火药的本性、玻璃的属性、磁铁的属性、琥珀的效应,最后是感觉——如何能够通过构成物体的物质微粒的运动和位形来解释。

笛卡儿特别提到自己成功地解释了磁力,在传统上,磁力是隐秘性质的典型例子。笛卡儿对磁体特性的了解来自于威廉·吉尔伯特(William Gilbert,1544—1603)的经验研究,吉尔伯特曾在《论磁》(*De magnete*,1600)中描述了自己的实验结果。根据吉尔伯特的说法,磁体能够表现出极性,拥有南北两极,同极排斥,异极相吸。在金属和其他物质中,只有铁可以被磁化。罗盘针等磁体会相对于地球调整自身的指向。散落在磁体周围的铁屑将会排成一种典型图样。为了解释这些现象,早期的自然哲学家曾经赋予铁和磁体以某种固有的能动性。

身为机械论哲学家的笛卡儿给出了一种机械论解释。他提出,地球分别从两极发出螺旋形的微粒:从一极发出右手螺旋微粒,从另一极发出左手螺旋微粒。地球中拥有相应形状的孔隙使这些微粒规则地流出。微粒穿过时,埋在地里一段时间的铁块将会形成螺旋形的孔隙。就这样,铁块被磁化,磁微粒在围绕地球运转时将使铁块确定方向。

在对明显性质和隐秘性质作出机械论解释之后,笛卡儿声称已经解释了所有自然现象。

因此,通过简单枚举,我所得出的结论是,我在本书中没有遗漏任何自然现象。因为能被算作自然现象的只有那些能被感官觉察到的东西。然而,除了我已经解释过的每个物体中的大小、形状和运动,我们能在外界觉察到的只有光、颜色、气味、味道、声音和触觉性质;我现在已经证明,它们在物体中只不过是,或者说,我们所觉察到的仅仅是大小、形状和运动的某些倾向。①

虽然笛卡儿的宇宙论——因此还有他的整个自然哲学——在今天看来可能显得荒诞不经,但其同时代人却非常严肃地看待它。自亚里士多德以来,笛卡儿的机械论哲学第一次对宇宙作了完备的说明,并为当时许多最为紧迫的问题提供了似乎令人满意的答案。

伽桑狄和笛卡儿的纲领性机械论哲学著作为下一代自然哲学家设定了日程,后者总体上接受机械论原理,而且认为不得不在伽桑狄的原子论和笛卡儿的充实论(plenism)之间进行选择。17世纪下半叶的一些最著名的自然哲学家,如发明了"机械论哲学"一词的罗伯特·波义耳(Robert Boyle, 1627—1691)、克里斯蒂安·惠更斯(Christiaan Huygens, 1629—1695)和艾萨克·牛顿都在这种背景下发展出了自己的自然哲学。

由于认为所有自然现象都可以用物质和运动进行解释,而且排除了超距作用,机械论哲学家远离了赋予物质各种能动性的传

---

① René Descartes, *Principles of Philosophy*, trans. Valentine Rodger Miller and Reese P. Miller (Dordrecht: Reidel, 1983), pp.282 - 283.

统自然哲学。亚里士多德主义者曾经认为,物体有一些本性使之倾向于按照典型的方式运动。例如,根据亚里士多德的说法,重物因其本性而倾向于朝着它们的自然位置即宇宙中心运动;同样,潜在包含于橡子之中的橡树的形式使其组成物质成长为一棵橡树,而不是一棵枫树或桉树。新柏拉图主义、赫尔墨斯主义和帕拉塞尔苏斯主义传统的许多文艺复兴时期的哲学家描绘了一个以超距作用的同感和反感为特征的万物有灵论的世界,赋予了物质世界以固有的能动性。机械论哲学家拒绝接受物质的能动性,因为他们认为,自行运动的活性物质似乎能够不诉诸上帝而解释现象。他们认为这种无神论的危险是能够避免的,因为天然惰性的物质需要有一个外在的运动来源,一个处于物质的自然界之外的动力源泉。在大多数17世纪的机械论哲学家看来,作为唯一运动来源的上帝似乎是绝对必要的。

包含上帝:神学维度

虽然许多思想家觉得机械论哲学富有吸引力,但它可能带来的一些后果在神学上令他们感到不安。有些自然哲学家担心,机械论哲学会因为否认创世教义和神意而导致唯物论(相信只有物质存在)或自然神论(相信上帝创造了世界和自然律,但从那以后便不再发挥任何积极作用)。伊壁鸠鲁的原子论与无神论之间由来已久的联系加剧了这些忧虑。由于中世纪对基督教神学和亚里士多德哲学进行了综合,一些神学家和哲学家觉察到,拒斥亚里士多德主义会挑战犹太教—基督教的基本信条。基督教的机械论哲学家们采取了各种策略来捍卫这些觉察到的威胁,包括频繁诉诸设计论证来确立上帝与造物的神意关系,特别是努力证明一种非物质的、不朽的人的灵魂的存在性,试图对基督的身体和血在圣餐中的实际存在提供一种机械论解释。

霍布斯的哲学使机械论哲学的反神意后果变成了现实,他的唯物论和决定论成为机械论哲学的神学威胁的象征。对"霍布斯主义"的恐惧导致其他思想家坚持对机械论哲学作出神意解释。正如我们所看到的,伽桑狄修改了原子论以排除它与伊壁鸠鲁主义的唯物论和无神论的联系。在部分意义上是作为对霍布斯的回应,伽桑狄明确把神意纳入了自己的机械论哲学版本,他曾于17世纪40年代在巴黎见过霍布斯。伽桑狄大量诉诸设计论证,认为世界必定是智慧设计的产物,而不像古代原子论者和霍布斯所认为的那样是原子偶然碰撞的产物。伽桑狄既否认伊壁鸠鲁主义关于偶然或运气的学说,也否认斯多亚主义的命运学说,他用神意重新定义了这些概念,把运气解释为神的先见和神意的一种表达,而把命运解释为神的命令。

确保一个最高存在者在世界中起作用是一个问题,解释上帝与其造物之间的关系则是另外一个问题,后者对于理解自然律和奇迹的形而上学地位和认识论地位有重大意义。上帝受其造物的约束吗?抑或,他总是随意改变他在世界中创造的任何东西?17世纪对这个问题的回答源于把亚里士多德的哲学引入欧洲主流思想之后13—14世纪的讨论。在中世纪神学中,上帝理智的理性与他行使自己权力和意志的绝对自由之间存在着一种微妙的平衡。奥卡姆的威廉(William of Ockham,约 1285—1349)等唯意志论者强调上帝的绝对自由,认为世界完全取决于上帝意志,与之相比,强调上帝理性的托马斯·阿奎那等神学家更倾向于接受造物中的必然性要素。

17世纪的思想家把这种关于上帝与其造物关系的观念变成了关于人类知识和自然律的形而上学地位和认识论地位的看法。对于唯理智论者来说,自然律描述了事物的本质,我们可以先验地(先于经验地)认识它们;而唯意志论者对科学知识所作的经验论和或然论解释则提供了一种思考世界的方式,这个世界已经不再包含本质。在唯意志论者看来,自然律只不过是对在自然界中观察到的规律性的描述。根据他们的说法,上帝对造物进行干预的力量从未受到限制,这意味着自然律是偶然真理,总可以随时更改。上帝干预自然界的持续自由意味着,没有什么必然联系能够确保先验知识的可能性。因此,人认识世界的能力必须依靠观察和经验方法。

作为唯意志论者的伽桑狄描述了一个完全取决于上帝意志的世界。这种偶然性表现为他相信经验方法是获得自然知识的唯一方法,构成所有物理事物的物质拥有一些只有通过经验才能认识的属性。自然律只是描述了经验概括。上帝可以随意改变自然律,奇迹便是这一事实的明证。而作为唯理智论者的笛卡儿则描述了一个上帝在其中植入了必然关系的世界,其中一些必然关系使我们能够先验地认识自然界的相当一部分内容。获得先验知识的能力扩展到了物质的本性,笛卡儿声称证明了物质只拥有几何性质。根据笛卡儿的说法,自然律是直接源于上帝的属性特别是其不变性的必然真理。

亨利·摩尔(Henry More,1614—1687)等剑桥柏拉图主义者则采取了一种更加极端的理智主义,认为善的绝对标准和独立存在的数学关系对上帝的自由作了限制。摩尔最初觉得笛卡儿主义特别有吸引力,是因为笛卡儿认为精神与物质同样真实。但摩尔后来坚决批判笛卡儿主义,担心它把精神与物质截然分离会最终导致唯物论。摩尔认为,有许多现象不可能只通过"把物质混乱地堆在一起"①而得到解释。这些现象包括:地轴的平行以及随之而来的季节更替、重力、波义耳空气泵实验中的空气行为、生物器官和习性中的所有设计证据等。摩尔拒绝接受纯粹的机械论解释,而主张有一个智慧的上帝在凭借自己的意志发挥作用。摩尔通过一种无形的、延展的、不可分的"自然精气"(Spirit of Nature)来解释这些现象,这种动因实现了上帝所意愿的创世计划。

摩尔决定证明精神的实在性,以击败霍布斯的唯物论以及他所认为的笛卡儿哲学的无神论后果。除了神学和哲学上的论证,摩尔还寻求经验证据以表明精神实体可能会导致物体变化。他报告了许多关于幽灵和巫术的记述,认为这些东西证实了非物质的精神的存在。遵循同样的思路,约瑟夫·格兰维尔(Joseph Glanvill,1636—1680)敦促新成立的英国皇家学会(最早的科学社团之一)制订计划来研究鬼屋和声称的巫术案例,以找到证明非物质精神实在性的经验证据,从而用令人信服的理由反对唯物论。

罗伯特·波义耳是一个笃信宗教的人,他用了很大篇幅讨论

---

① Henry More, *An Antidote against Atheism; or, An Appeal to the Natural Faculties of the Mind of Man, Whether There Be Not a God*, 3rd ed. (London, 1662), p.47.

了其微粒论的神学含义。他认为,上帝创造了惰性物质,并为其赋予运动。上帝创造了自然律,但可以随意违反,《圣经》中所说的神迹为这种说法提供了证据。波义耳相信,自然哲学非但不会导致无神论和唯物论,反而会增强对上帝智慧、力量和善的理解。他引用柏拉图的话宣称:"世界是神写给人类的书信。"[①]他认为,通过使细心的观察者直接熟悉上帝设计世界时的智慧和仁慈,作为一种崇拜行为的自然研究将会导向对造物主的更多认识。敏锐的观察者可以随处洞悉上帝的目的。然而,上帝并非完全可知。波义耳谨慎地承认了人类理性在神学中的限度,并且指出这些限度也延伸到了自然哲学。人的认识既达不到确定性,也达不到完备性。

波义耳理想化的"基督教大师"(Christian Virtuoso)发现了自然哲学与基督教神学之间的深层关联。他甚至考虑了自然哲学如何能在来世完成,直到末日审判和人类复活,那时上帝将创造"新天新地",有可能改变现世的所有自然律。他对上帝自由的强调支撑着他的一种信念,即自然界中没有任何东西能够限制上帝的自由。他认为机械论哲学要比亚里士多德或其他世界观更加与基督教相容。

和其他机械论哲学家一样,波义耳也希望避免唯物论的危险,因此,他强调机械论的限度。他认为,世界包含着无法通过物质和运动来解释的精神实体。他声称,人的灵魂是完全非物质的。因

---

① Robert Boyle, *Some Considerations Touching the Usefulnesse of Experimental Naturall Philosophy* (1663), in *The Works of Robert Boyle*, ed. Michael Hunter and Edward B. Davis, 14 vols. (London: Pickering & Chatto, 1999 – 2000), 3: 233.

此,每一个人的生命都包含着上帝的奇迹介入,其核心处包含着一种非物质的东西。在波义耳看来,哲人石(炼金术中嬗变的动因)也可以用来规定机械论的限度。它不仅能够引起嬗变,而且可以吸引天使和其他精灵。他认为,哲人石的这种能力为反驳无神论提供了有力证据。

波义耳极力宣扬他关于科学与宗教密切相关的信念。他在遗嘱中提供资金建立了波义耳讲座,该系列讲座每年八讲,目的是驳斥无神论。许多著名的学者和神学家都举行过波义耳讲座,如理查德·本特利(Richard Bentley,1662—1742)、塞缪尔·克拉克(Samuel Clarke,1675—1729)、威廉·惠斯顿(William Whiston,1667—1752)、威廉·德勒姆(William Derham,1657—1735)等。

尽管在机械论哲学内部以及围绕着机械论哲学有各种争论,但它为17世纪自然哲学多方面的发展提供了一种新的概念框架,为接下来几代人研究运动、光和物质本性设定了重要日程。

第五章　移动边界：从混合数学到数学物理学

在亚里士多德的科学分类中，运动科学和视觉科学都属于混合数学的分支，处于边缘位置。根据这一分类体系，物理学（自然哲学）通过考察原因，解释可变的、可感的事物。数学由先验为真的公理进行演绎，讨论的是可变的、不可感的事物。当时力学［或译"机械学"——译者］讨论对简单机械（斜面、滑轮、楔子、杠杆和螺旋）的数学分析，视觉科学则讨论光线的几何学和视觉的生理过程，力学和视觉科学都用数学来描述（可变的）物理现象的（可感的）经验事实。因此，力学和视觉科学都被称为"混合数学"。

在近代早期，这些学科都发生了重大转变。对运动的抽象思考与对简单机械的研究联系在一起，产生了一种新的运动概念，使人们有可能对物理运动进行数学研究。与此同时，对光的研究变得与视觉研究分离开来。自然哲学家们开始用数学来描述经验现象，而不寻求亚里士多德意义上的因果解释。这种发展改变了传统的学科界限。

运动的物体：运动科学

几乎在所有自然哲学中，运动概念都起着基础性作用。在近代早期，有三个关于运动的问题主导着自然哲学家和数学家的著作：

(1)表述后来所谓的惯性原理;(2)描述物体的碰撞;(3)解释圆周运动。

哥白尼主义者声称,日心天文学理论描述了物理实在,这要求对关于地球运动的传统反驳作出回应,并能对圆周运动给出恰当的物理解释。此外,由于机械论哲学家把因果性归结为物体的接触和碰撞,他们认识到碰撞问题是物理学的核心。解决这些问题涉及重新定义"重力"、"质量"和"力"等基本术语,这些运动分析术语有着漫长的历史。

伽利略和笛卡儿的工作为一门新的科学运动奠定了基础。伽利略处理了特定的问题,尤其是落体的速度和抛射体的轨道,而笛卡儿则明确试图基于一种新的运动概念提出一种新的自然哲学。总之,他们的观念使亚里士多德关于自然运动与受迫运动的区分得以瓦解,从而有利于用力学观念来解释自然界。

根据传统的亚里士多德思想,力学是一门实用科学,利用的是违反自然的运动。事实上,希腊词 mechane 的意思就是"诡计"。这些违反自然的运动可以欺骗自然作出某些超出其日常行为的事情。很可能并非出自亚里士多德本人之手的亚里士多德主义文本《力学问题》(*Quaestiones mechanicae*)开篇便作出了如下区分:"有些非凡的事物是合乎自然地产生的,其原因我们并不知晓;另一些事物则是为了人的利益,通过技艺违反自然地产生的。"例如,滑轮通过向下运动而使重物上升。① 虽然这本书在中世纪可能不为人知,但在人文主义者福斯托·维托雷(Fausto Vittore,1480—

---

① Aristotle, *Mechanical Problems*, in *Minor Works*, trans. W. S. Hett (Cambridge: Harvard University Press, 1936), p.331.

1551?)于1517年把它译成拉丁语之后,许多评注家都讨论了它对简单机械的解释。在《力学问题》所催生的讨论中,力学的学科地位占据着核心位置。到了16世纪末,一些颇有影响的评注家开始模糊并最终消除了自然与机械之间的传统区分,也就是说,消除了物理学与力学主题之间的传统区分。伽利略和笛卡儿都读过关于《力学问题》的这些评注。就这样,文艺复兴时期关于一部伪亚里士多德文本的评注直接影响了一门新的运动科学的发展、机械论哲学的出现以及科学在17世纪的重新分类。

伽利略物理学是哥白尼天文学的发展与清晰阐述一种新的自然哲学之间的关键环节。他的新运动科学回答了对地球运动的反驳,并为机械论哲学所体现的新的原因及变化概念提供了基础。伽利略处理运动的方法直接源于他所受的教育。本科期间与奥斯蒂利奥·里奇(Ostilio Ricci,1540—1603)的接触使伽利略注意到了希腊数学家欧几里得的严格数学和阿基米德的思想。里奇是尼科洛·塔尔塔利亚(Niccolò Tartaglia,1500—1557)的学生,曾于1543年编辑出版了阿基米德著作的拉丁文译本。阿基米德的方法深深地影响了伽利略的思想。虽然伽利略很少赞扬任何其他思想家,无论是古代的还是现代的,但他却经常提到"神圣的阿基米德"。

伽利略发现阿基米德的工作中有三个方面特别重要:重量科学或静力学;计算平面图形面积的方法;对浮体行为的研究或流体静力学。阿基米德曾用几何方法提出了杠杆定律,并且发展出一种确定重心的方法。杠杆定律为他提供了一种用来解决各种力学问题的概念工具。例如,阿基米德提出了计算曲线图形面积的方法,即把曲线图形分成边数越来越多的多边形,然后把多边形各部分的总面积加起来,这一技巧被称为穷竭法,因为随着多边形边数的增加,曲线图形与多边形的面积差异越来越小。为了检验其证明的准确性,他构造了相关图形的物质模型,并把它们置于天平上来确定多边形与曲线图形的面积是否相等。在《论浮体》(*On Floating Bodies*)中,他用静力学原理计算了物体在流体中是下沉还是上浮。

1590年,伽利略在比萨大学任教时开始写《论运动》(*De motu*),试图把阿基米德的数学方法应用于对运动的传统说明。伽利略在《论运动》一开篇便提到了亚里士多德的假设,即所有运动必须有一个原因。他认为该原因是所有物体所拥有的天然重性。这一假设代表着与亚里士多德物理学的偏离,因为亚里士多德认为有些物体天然就是重的,有些物体天然就是轻的。通过赋予所有物体同一种属性——重性,伽利略能够把数学应用于运动的原因,因为所有物体都以不同的量拥有同一种属性。在《论运动》中,伽利略保留了亚里士多德关于自然运动与受迫运动的区分。物体的重性使物体朝着地心向下做自然运动。向上的受迫运动则有外部原因。考虑在介质中运动的物体,有些物体向上运动,是因为较重的物体在下降时把它们挤开并且推了上去。伽利略认为比重(物体的重量除以体积)决定着物体的相对运动。他用研究阿基米德时了解到的天平或杠杆模型来计算物体在阻滞介质中的运动。伽利略认为,物体自然运动的速度是其比重减去介质阻力的函数。如果介质阻力为零(即运动在真空中发生),则物体的比重将完全决定其自然运动。伽利略因此断言,运动有可能在真空中发生,并把它视为物体的特征性运动。

运用这种表述,伽利略考虑了关于运动的各种问题。他讨论了自由落体的本性、物体在真空中运动的可能性以及抛射体运动这个老大难问题。然而他最终意识到,某些运动既不是自然的也不是受迫的。例如,在地球表面上滚动的球既不走向也不远离地球的中心。由于这个球并未寻求一个自然的终点(地心),也并未阻碍其下落的自然倾向,因此从原则上讲,其运动可以无限期地持续下去。或许是诸如此类的例子使伽利略中断了《论运动》的写作,开始重新思考运动的基本概念。他这部论著没有完成和发表。

1604年,伽利略对运动有了全新的理解。他多年来摸索出了自己的新理论,最终将其发表在《关于两大世界体系的对话》(*Dialogue Concerning the Two Chief World Systems*,1632)和《关于两门新科学的谈话》(*Discourses and Mathematical Demonstrations Concerning Two New Sciences*,1638)中。伽利略的新运动科学是所谓的运动学,即通过时间和距离来研究运动,而不考虑运动的原因。这种方法完全偏离了亚里士多德主义物理学和《论运动》中的物理学,后者注重分析运动的原因,如重性、轻性或运动物体的比重等。

伽利略严格定义了匀速和匀加速等相关的量。他证明,匀加速下落的物体运动可以描述为:

$$s \propto t^2$$

其中 s 表示走过的距离,t 表示下落时间。伽利略从数学上证明了这条自由落体定律。通过分析从斜面上滚下的物体的行为,他确定自然下落的物体做的是匀加速运动。当被问及这种加速的原因时,他极力坚持自己的运动学方法:"在我看来,目前还不适宜对自然运动加速的原因进行研究,关于这一点,哲学家们的看法各不相同。"他继续说,现在只要"研究和表明这种加速运动的某些属性(无论其加速的原因是什么)"①就足够了。

伽利略在其运动分析中作了另一个极其重要的假设,他第一次尝试表述后来所谓的惯性原理。他在《论运动》中已经意识到,

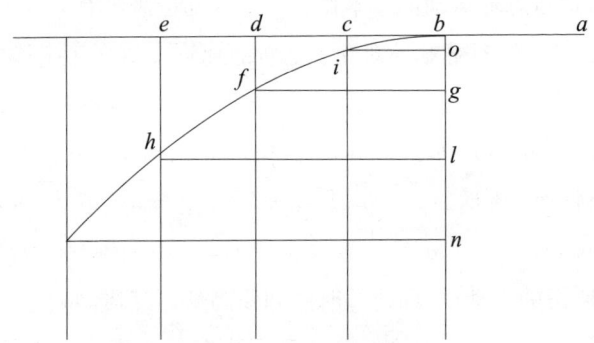

伽利略对抛射体运动轨道是抛物线的证明

考虑一个在水平面 ab 上从左到右匀速运动的物体。平面终止于 b,物体自由下落。但在它下落的同时,其水平运动却没有失去。因此,在相等的时间间隔内,对应于通过相等的区间 bc, cd 和 de,物体将根据自由落体定律下落,即 $s \propto t^2$。抛射体轨道可以描述为代数方程 $x = -y^2$,这正是描述抛物线的方程。

■图见 Galileo Galilei, *Discorsi e dimonstrationi mathematiche, intorno à due nuouo scienze, attenenti alle mechanica, & I mouimenti locali* (Bologna: de Dozza, 1655), p.184.

---

① Galileo Galilei, *Two New Sciences, Including Centers of Gravity and Force of Percussion*, trans. Stillman Drake (Madison: University of Wisconsin Press, 1974), pp.158-159.

地球表面的匀速运动既不是自然的,也不是受迫的。这种运动既不阻碍自然下落的趋势,也不会终止于地心,而会永远继续下去,除非有某种东西(例如摩擦)干扰其运动。伽利略很好地利用了这一原理。在成熟的运动科学中,伽利略将它与自由落体定律相结合,证明抛射体的运动轨道是抛物线。

这一结论尤为重要,因为它使伽利略能够回答一些针对地球运动的最引人注目的反驳。考虑这样一个论证,如果地球绕轴自转,那么从塔顶抛下的重物将不会落在塔基处,而是会落在后面。对地球运动的这一反驳乃是基于亚里士多德的一种看法,即物体不能同时参与两种不同的运动。伽利略反驳说,物体从塔顶落下后,将继续其"平行于"地球表面的运动,因为它没有遇到任何阻力来反抗这种运动。这就是说,它将继续参与在塔顶时所拥有的地球运动,从塔顶落下后仍将跟上地球的运动。即使地球在运动,物体也会落到塔基处。

这种推理引入了一种新的运动形而上学。在亚里士多德物理学中,物体的运动依赖于物体的形式或本性。重物下落,轻物上升。在伽利略物理学中,所有物体都根据同样的定律下落。因此,物体的运动丝毫不揭示物体的本性。然而,伽利略并未与亚里士多德完全决裂,他仍然保持了一种自然运动概念——重物的下落运动,这一概念中仍然隐含着一种自然位置观念。

伽桑狄进一步发展了这种新的运动观念。他明确指出,如果不受阻碍就会一直运动下去的是直线运动,而非"水平的"(平行于地球表面的)运动。他考虑了在真空中运动的物体。"如果有人推它,它将根据推动的快慢沿着推动的方向均匀运动,事实上是永远沿着同一方向运动,除非使其运动转向,因为没有什么原因能使它加速或减慢。"他继续说:"由此我们也可以断定,任何运动一旦施加便无法消除,不会减少或停止,除非被外在原因所阻止。"①就这样,伽桑狄消除了自然运动概念以及空间中有质的优越性的中心位置的存在。

这种新的运动概念体现了一种对亚里士多德物理学和宇宙论的根本拒斥。宇宙不再有一个能够决定运动本性的中心。于是,运动不再有任何优先方向,即亚里士多德物理学所谓的上和下。根据亚里士多德物理学,所有运动都需要因果解释,但静止于自然位置的物体却不需要,而现在,运动和静止仅仅变成了同一种变化的两种状态。惯性运动和惯性静止不需要任何解释;只有物体运动状态或静止状态的改变才需要原因。运动或静止对物体没有影响。所有运动状态或静止状态变化的原因都外在于物体。这种新的运动理解消除了井然有序的亚里士多德宇宙。由于没有中心和优先方向,空间在各个方向都是相同的。运动和空间都可以用数学来描述。

笛卡儿的运动定律表述了新的运动科学。他提出了一条运动守恒原理作为运动分析的基础:"上帝是运动的首要原因;……他在宇宙中总是维持着相等的运动的量。"②这条原理把运动的量描述为物体的大小乘以速度(mv)。在这一基础上,笛卡儿表述了运动定律:

---

① Gassendi, *Syntagma philosophicum*, trans. and quoted in Richard S. Westfall, *Force in Newton's Physics: The Science of Dynamics in the Seventeenth Century* (New York: American Elsevier, 1971), pp.101, 102.

② René Descartes, *Principles of Philosophy*, trans. Valentine Rodger Miller and Reese P. Miller (Dordrecht: Reidel, 1983), p.57.

第一自然定律:任何事物凭借其自身的力量总是保持相同的状态;因此,物体一旦被推动,就会继续运动。

第二自然定律:一切运动自身都沿直线进行;因此,做圆周运动的物体总是倾向于远离它所描出的圆的圆心。

第三自然定律:物体在与较强的物体接触时将不会失去任何运动;而在与较弱的物体接触时却会失去一定的运动,失去的运动等于它传给较弱物体的运动。[①]

他的前两条定律共同阐明了惯性原理,这一原理不再留恋亚里士多德关于自然运动和圆周运动的假设。他明确提出,我们所谓的惯性运动是直线的。

在第三自然定律之后,笛卡儿又提出了支配不同碰撞情况的七条规则。第一条规则处理以相等速率相向运动的两个相同物体碰撞的情况。碰撞之后,物体的速率不变但运动方向相反。随后的规则处理了以不同速率相互接近的不同大小的物体碰撞的情况。虽然笛卡儿把碰撞数学化的努力没有成功——正如惠更斯等17世纪自然哲学家充分表明的——但其工作激励其他人找到了对碰撞问题的更好解答。

惠更斯证明了笛卡儿碰撞规则的缺陷。他也和笛卡儿一样试图把数学运用于物理学和机械论哲学,只把几何属性归于物质,但与笛卡儿不同,惠更斯承认真空存在,认为物质微粒可以在真空中

---

① René Descartes, *Principles of Philosophy*, trans. Valentine Rodger Miller and Reese P. Miller(Dordrecht:Reidel,1983), pp.59 – 61.

运动。他解决了17世纪运动科学的几个最棘手的问题,还发展出了一种对圆周运动的分析和一种改进的碰撞理论。惠更斯始终如一地把运动的相对性概念——笛卡儿作过表述但没有用过——运用于碰撞问题。他还运用了托里拆利(Evangelista Torricelli)最先提出的原理,即两个碰撞物体的共同重心总是沿直线运动。

惠更斯由这些原理表明了笛卡儿碰撞解释的不一致性。就碰撞而言,相对性要求考虑运动的方向。笛卡儿的运动守恒原理采用了一个绝对参照系,这与运动的相对性是不相容的。在表明了笛卡儿碰撞规则的错误之后,惠更斯导出了一种不同的表述,这种表述消除了笛卡儿的运动守恒概念:"当两个物体彼此碰撞时,有一个量在物体碰撞之前和之后都相等,即两个物体各自的大小乘以速度的平方之和。"[①]在接下来的几代人中,碰撞问题仍然是自然哲学家和数学家研究的中心。笛卡儿和惠更斯处理碰撞问题的运动学进路背后隐藏的问题是,到底是什么改变了碰撞物体的方向和速率。由于需要一种力的概念,用严格的运动学术语处理运动的尝试本质上不那么有效。

圆周运动给17世纪天文学和自然哲学的发展提出了第二个极为重要的问题。与天文学理论实际描述了物理世界这种说法相伴随的是需要对轨道运动作出物理解释。要想解决这个问题,第一步就是对圆周运动进行数学描述。笛卡儿试图用他的运动定律来解决这个问题。虽然他的第二运动定律说,物体倾向于沿直线

---

① Christiaan Huygens, *De motu ex percussione*, trans. and quoted in Westfall, *Force in Newton's Physics*, p.157.

运动,但《哲学原理》所描述的宇宙中的物体实际上都在沿曲线运动,因为它们都在充实(plenum)中运动。由于笛卡儿的世界中没有真空,所以物体周围的物质总是阻碍物体的运动。要想让运动发生,阻碍的物体必须让出道路,而阻碍这些物体运动的物体也必须相应地运动。于是,最终的结果就是所有运动都沿着封闭的曲线运动。笛卡儿试图描述圆周运动的本性。他认为做圆周运动的物体,比如绳索末端的石头,都有远离中心的倾向。他虽然考虑了几个例子来说明这一点,但并没有成功地对这种倾向作出数学描述。

惠更斯成功地对这种关系作了数学表述。他考虑了一种圆周运动,比如绳索末端的石头,觉察到在任何时刻,运动物体都有一种沿着圆的切线做直线运动的惯性倾向。他称这种倾向为"离心力"——把物体拉离圆心的力。通过认真考虑这种情况的几何学,他导出了离心力的数学公式:

$$F = mv^2/r$$

其中 m 是物体的质量,v 是其速度,r 是圆周半径。

每一个运动问题的解决都在隐隐地呼唤一种力的概念。就惯性运动而言,我们可以追问什么外在原因能使物体偏离惯性运动或不再静止。当两个物体碰撞时,我们可以追问是什么使碰撞物体影响了对方的运动。正如惠更斯对圆周运动的处理清楚地表明的,我们可以追问如何解释物体沿切线远离圆周的倾向。

然而,力的概念向机械论哲学家发出了一个危险信号。他们认为物质是惰性的,物质本身并不拥有任何能动性,超距作用不存在。出于这种对物质的理解,他们都试图对运动作出运动学处理,也就是说,通过距离和时间来处理,而不考虑运动的原因。伽利略明确提出了这种方法,笛卡儿和惠更斯都试图不考虑原因来继续解决运动问题。尽管他们的意图很好,但还是有未被承认的力的概念悄悄潜入了他们的分析。最终,一门融贯而强大的运动科学的发展要求有一种力的概念,这是对机械论哲学的重大改变。

照亮世界:光学和视觉理论

光学研究源于"我如何看见"这个问题。古希腊自然哲学家们对视觉提出了两种可能的物理解释:外界某种东西进入了眼睛产生了视觉(入射理论);或者眼睛发出某种东西撞击了物体使之可见,然后某种东西回到眼睛,引起了视觉(发射理论)。两种解释都提出了一个问题,即进入眼睛的是什么东西。亚里士多德主义者认为视觉的传播媒介是从物体的形式(这里指物体的可见形式)传到眼睛的所谓可见"种相"(species)。原子论者则认为,物体原子的外面一层,一个"似像"(simulacrum),从物体传到了眼睛。无论根据哪种理论,我们都是通过直接接触而看到了整个物体。欧几里得和托勒密认为,眼睛发出了某种光线使物体变得可见。如果还记得,除非我们实际去看,否则就看不到物体,那么这种看似古怪的理论就显得合理了。

在混合数学传统中,数学家欧几里得、亚历山大的希罗和托勒密都用几何方法处理了视觉问题。他们认为,光沿直线行进,可以通过追踪光从可见物体到眼睛的轨迹来分析视觉。阿拉伯人进一步发展了几何光学。最有影响的中世纪作者伊本·海塞姆('Abu 'Ali al-Hasan ibn al-Hasan ibn al-Haytham),即拉丁西方所谓的阿尔哈增(Alhazen,即那位对天文学作出伟大贡献的阿尔哈增)采用了一种入射理论,即光进入眼睛时会产生视觉。他对物体和像作了点对点的分析,从而将希腊人追踪光线的做法与他的视觉理论结合起来。他不是像希腊人那样考虑整个物体和像,而是考虑物体上的每一点,追踪光从该点到眼睛的路径,从而表明如何在眼睛内部点对点地构造出像来。13世纪的方济各会士约翰·佩卡姆(John Pecham,约1230—1292)和波兰新柏拉图主义者威特罗(Erazmus Ciolek Witelo,活跃于1250—1275)接受了阿尔哈增的观念。两人都写了名为《透视法》(*Perspectiva*)的论著,拓展了阿尔哈增的视觉理论。

开普勒吸收了这些中世纪观念并将其进一步发展,从而为17世纪的光学研究奠定了基础。他运用了阿尔哈增的点对点分析法,并且提出了如何找到折射的数学定律以解释伽利略望远镜的问题。在思考视觉时,开普勒把眼睛比作暗箱(*camera obscura*),它本质上是一个针孔照相机,并用点对点分析法证明了在眼睛后方形成的图像是物体的倒像。开普勒的工作很重要,特别是因为他试图用数学来解决物理问题。

开普勒的光学工作直接影响了笛卡儿。从最早的自然哲学著作开始,笛卡儿就提出了如何用物质和运动来解释光和视觉的问题。笛卡儿的物质理论对于他解释光和视觉起着核心作用。由于他仅把一种固有属性赋予了物质,所以他只能通过构成物质的微粒的尺寸来区分各种物质。因此,他描述了三种物质,即他所谓的元素。第一元素是火元素，由最小的微粒所构成，运动极快，可以有任何形状。由于否认真空存在，笛卡儿认为这些最小的微粒充斥于构成其他元素的较大微粒之间的所有空间和间隙。第二元素是气元素，也是一种非常精细的流体，由球形微粒所构成，像沙粒或尘土一样聚集在一起。气元素的微粒大于第三元素的微粒，但大于第一元素的微粒。第三元素是土元素，由更大的微粒所构成，彼此几乎不移动。太阳和恒星等发光物体由第一元素所构成，而自己并不发光的地球、彗星和行星则主要由第三元素所构成。第二元素则是传播光的介质。

笛卡儿的新物理学为他把光和视觉分析为运动物质的结果提供了必要的解释框架。笛卡儿把第二元素微粒的运动和倾向比作绳索上的石头，通过其运动定律解释了发光的天体如何发出一些沿直线行进的运动。当这些运动撞击人眼表面时，便产生了光感。光有一些典型属性有待解释，比如瞬间便可沿直线从发光物体传到任何距离；光线路径可以彼此交叉而不相互影响；光线可以因反射而偏折。笛卡儿认为光线是由第二元素的微粒流构成的，从而用机械论术语解释了所有这些现象。

发表于1637年的《折光学》（*La dioptrique*）是《方法谈》所附的一篇论文，包含着笛卡儿对光学最重要的贡献。它对光的现象作了机械论解释；基于机械论假设证明了反射和折射定律；对视觉的物理学和生理学作了说明。他并未声称知道光的物理本性，但提出了三种不同的机械论模型——他称它们为"比照"（*comparaisons*）——来解释观察到的光的属性。他用这些模型来解释对光的知觉、光在坚固透明物质中的传播以及反射和折射定律。

在第一种模型中,他把光比作拐杖,使盲人能够仅凭触觉而知觉到周围各种物体。这种模型也解释了为什么运动物质可以产生颜色知觉。"大家都知道,盲人用拐杖所探寻到的树木、石头、水等物体间的区别,就像我们所看到的红色、黄色、绿色以及其他颜色间的区别一样;不过,盲人所感觉到的物体间的不同,只是由于移动拐杖或阻止拐杖运动的方式有所不同,而非别的什么原因。"①

在第二种模型中,他直接诉诸其元素理论,把光的直线传播和穿过坚固透明物质比作酒从盛满葡萄的酒桶底部的小孔流出来:

> 现在考虑一下,既然自然之中不存在真空(几乎所有哲学家都这样断言),而且我们觉察到的周围物体中都有许多孔隙(实验可以清楚地证明这一点),那么这些孔隙中必定充满着一些非常精细和极易流动的物质,这些物质从恒星和行星不间断地一直延伸到我们这里。如果将这些精细物质比作酒桶中的酒,将空气和其他透明体流动性较差、较重的部分比作桶内的葡萄串,你就很容易理解以下的内容:将桶底小孔打开的一瞬间,……一部分酒会倾向于沿直线向下流出一个孔洞[以及桶底的其他孔洞……,这些行为不会相互阻碍,也不会被桶内的葡萄串所阻碍]。……同理,在我们睁开眼睛的一瞬间,太阳面对我们的一面所触及的所有精细物质都倾向于沿直线射向我们的眼睛。这些精细物质之间互不干扰,甚至两者之

---

① René Descartes, *Discourse on Method, Optics, Geometry, and Meteorology*, trans. Paul J. Olscamp (Indianapolis: Bobbs-Merrill, 1965), p.67.

间的透明物体的较重微粒也不会阻碍它们。①

在第三种模型中,笛卡儿用小球模型导出了已知的反射折射定律,从而证明这些基本的光学现象可以被纳入一种数学化的机械论哲学。他的证明基于三条运动定律。自古希腊以来,人们就已经知道了反射定律,即入射角等于反射角。托勒密第一次发表了这一成果。笛卡儿的贡献在于把小球模型应用于构成光线的微粒,表明反射定律如何能从他的运动定律推导出来。

笛卡儿也以类似的方式对折射定律作了解释。折射是光从一种介质进入另一种介质时发生的偏折。一个常见例子是部分浸入水中的船桨看起来是弯曲的。用现代符号表示,折射定律说:

$$\sin i = n \sin r$$

其中 i 是入射角,r 是折射角;n 现在被称为折射率。自古以来,研究者们从未成功得出折射定律,这与反射定律的情况非常不同。托马斯·哈里奥特(Thomas Harriot,约 1560—1621)根据经验发现了折射定律,但其结果直到 20 世纪才得以发表。受到伽利略望远镜的激励,开普勒试图对透镜进行数学分析,但依然没能发现折射定律。约 1620 年,维勒布罗德·斯涅耳(Willebrord Snell,1580—1626)根据经验发现了这一定律。笛卡儿或者知道斯涅耳的工作,或者是通过自己的实验研究发现了这一结果。

---

① René Descartes, *Discourse on Method, Optics, Geometry, and Meteorology*, trans. Paul J. Olscamp (Indianapolis: Bobbs-Merrill, 1965), p.69.

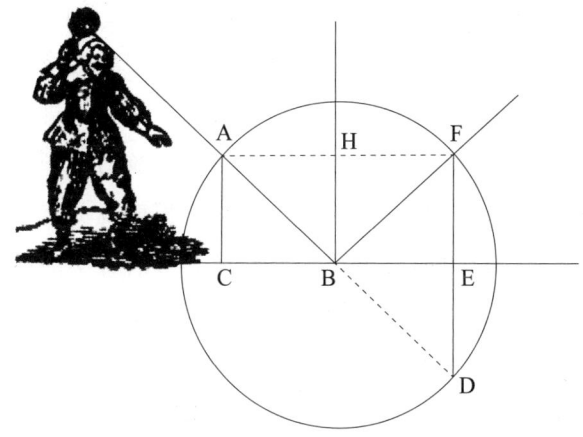

笛卡儿对光的反射的分析

笛卡儿把光的反射比作小球从地面上弹起来。考虑一个从 A 匀速运动到 B 的小球。当它碰到笛卡儿认为完全平坦和坚硬的表面 CBE 时会发生什么情况？根据伽利略关于运动本性的假定，可以把运动 AB 分解成彼此垂直的两个运动分量 AH 和 AC。当小球达到 B 时，做匀速直线运动的分量 AH 将保持不变；它从 H 运动到 F 的时间等于从 A 运动到 H 的时间。这一结论来自笛卡儿的第一运动定律：每一个物体都将保持同样的状态，除非与其他物体的碰撞迫使其改变状态。

另一个分量运动 AC 是碰撞的一个例子，该现象受第三运动定律的支配。由于在这一情形中，小球比它碰撞的地面小得多，所以它将从地面上弹跳起来，以与它碰撞之前大小相等、方向相反的速度回到原初位置。两个新的运动分量 HF 和 EF 结合起来将使小球处于 F。现在，由简单的几何论证可以证明，△ABH 全等于△FBH。因此，△ABH（入射三角形）与△HBF（反射三角形）相等。

■图见 René Descartes, *Discours de la méthode pour bien conduire sa raison et chercher la verité dans les sciences*, plus la Dioptrique, les Météores, et la Géometrie qui sont des essays de cette methode（Leiden：J.Maire，1637），p.15.

笛卡儿对折射定律的证明沿袭了证明反射定律的相同策略。他把光线微粒比作小球，追问如果小球击中并穿透像布或水那样的柔软表面时会发生什么，以此作为光线从空气进入水的模型。这一次，他解决问题的方法同样是把微粒的路径分成各个运动分量。和反射的情形一样，笛卡儿把折射现象直接与机械论模型作类比，以表明光学现象能够从其自然哲学的第一原理中导出。

笛卡儿认为这些机械论模型有什么样的认识论地位？他把这种方法与哥白尼之前的天文学家的方法相比较，后者用匀速圆周运动的各种组合构造出模型，而不声称它们有任何物理实在性。笛卡儿认为，他的模型必须通过基本的自然定律和他基本的解释术语（即物质和运动）来表示，但自称能比天文学家们做得更好：他可以超越假说性的模型，通过复杂的实验和观察过程实际证明其机械论模型是正确的。

在（令他满意地）表明了能将光的性质纳入机械论哲学之后，笛卡儿转而研究视觉问题，他把视觉当成感官的一个特殊情形来处理。当运动从我们的感觉器官通过视觉神经纤维传到大脑时，感觉就产生了。这些运动是瞬间传播的，"正如拉动一根张紧的绳子一端会使另一端在同一瞬间运动一样"。① 尽管这些运动在大脑中形成了图像，但没有理由认为这些图像与引起这些运动的物体相似。

---

① René Descartes, *Discourse on Method, Optics, Geometry, and Meteorology*, trans. Paul J. Olscamp (Indianapolis: Bobbs-Merrill, 1965), p.89.

第五章 移动边界：从混合数学到数学物理学

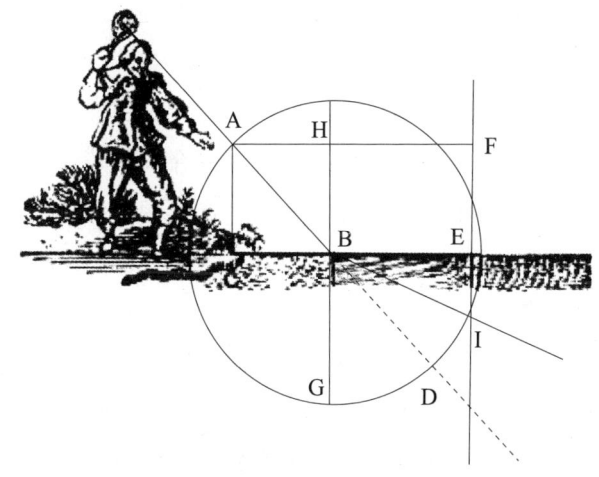

笛卡儿对光的折射的分析

笛卡儿再次把光线与小球作类比，但在折射的情况下，他假定小球穿过一个柔软的表面。假定从 A 运动到 D 的小球击中了水面上的 B 点，且小球击中水面时失去了一半速度。该小球从 B 点不会朝着 D 做直线运动，而会朝着 I 做直线运动。这种方向改变是因为水使得向下的运动分量减慢，EI 等于 HB 的一半。但它并不影响分量 BE 的速度，后者等于 AH。

光从一种介质进入另一种介质时精确的偏折量可以用实验来测定。通过测量，每一种介质都会给出比例常数，即现在所说的折射率。如果用 n 表示该常数，则光的折射可以表示为 HB/AB= n EI/BI，即 $\sin i = n\sin r$，其中 $i = \angle\mathrm{ABH}, r = \angle\mathrm{EBI}$。

■图见 René Descartes, *Discours de la méthode pour bien conduire sa raison et chercher la verité dans les sciences, plus la Dioptrique, les Météores, et la Géometrie qui sont des essays de cette methode* (Leiden: J.Maire, 1637), p.11.

为了理解视觉的产生，笛卡儿先来研究图像如何在眼睛后方形成。他超越了开普勒的解释，把对眼睛后方形成的图像的讨论建立在观察经过解剖的眼睛的基础之上，这些眼睛要么"是一个刚死的人的眼睛,倘若没有,也可以用牛或其他某种大动物的眼睛"。[1] 笛卡儿也采用了开普勒的策略,对物体和视网膜上成的像进行点对点的分析,把光线从物体各点追溯到眼睛后方视网膜表面上的点。光线必定穿过了眼睛内部不同介质的若干界面,在每一个界面都会发生折射。运用折射定律和追溯光线的技巧,笛卡儿表明了视网膜表面上的物像是如何形成的。他自称能够说明这一图像如何被传到大脑内部的表面。"从[大脑内部的表面]我可以再次将它传到某个小的腺体[松果腺],该腺体位于这些凹面的中央附近,严格说来是通感(common sense)之所在。"[2]

自亚里士多德以来的哲学家们曾经假定存在着通感,来自五种感官的材料在这种器官中被整合成单一的信号,产生意识知觉。笛卡儿认为通感存在于松果腺中,松果腺充当着心灵与身体之间的联系。他顺便解释了近代早期的自然哲学家们普遍接受的一种现象:"我甚至可以进而表明,图像有时如何能从那里经由孕妇的动脉一直传到子宫中婴儿的某一肢体,在那里形成令饱学之士惊叹不已的胎记。"[3]

导出折射定律之后,笛卡儿开始对透镜进行分析。尽管数个世纪以来人们一直用透镜来纠正视觉,但没有人知道它是如何起作用的。选择什么透镜制作镜片纯粹是通过试错。笛卡儿第一次用折射定律解释了透镜如何能够纠正特定的视觉缺陷。其解释中很重要的一部分涉及确定把平行光聚焦于一点的特殊曲线。笛卡

---

[1] René Descartes, *Discourse on Method*, *Optics*, *Geometry*, *and Meteorology*, trans. Paul J. Olscamp (Indianapolis: Bobbs-Merrill, 1965), p.91.

[2] Ibid., p.100.

[3] Ibid.

儿在与《光学》同时发表的几何学著作中作了计算。他用同样的方法解释了望远镜的机制。

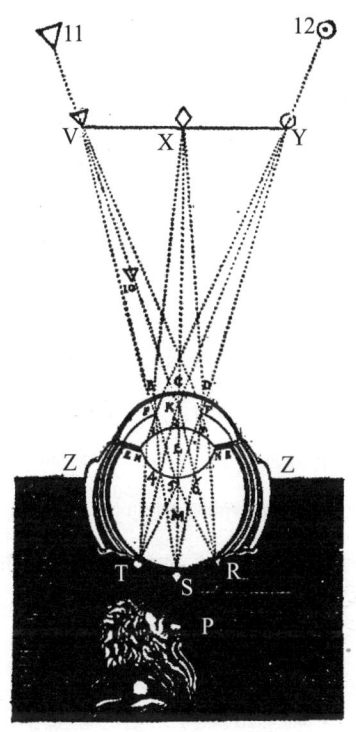

笛卡儿关于视网膜图像形成的图示

来自 V、X 和 Y 点的光线传到眼睛表面上的 B、C 和 D 点。在眼睛内部，它们在到达视网膜上的 T、S 和 R 点之前发生了四次折射。光线 VR 和 YT 在穿过眼睛表面时相互交叉，因此视网膜上形成的像是倒像。

■图见 René Descartes, *Discours de la méthode pour bien conduire sa raison et chercher la verité dans les sciences, plus la Dioptrique, les Météores, et la Géometrie qui sont des essays de cette methode* (Leiden: J. Maire, 1637), p.36.

彩虹分析提供了一个极具戏剧性的例子,使笛卡儿能够显示其自然哲学的力量。自亚里士多德以来,哲学家、天文学家和自然哲学家一直试图解释彩虹的几个特征:其形状、大小、成因以及颜色来源。古代和中世纪已经知道基本的彩虹几何学,特别是,彩虹是圆弧状的,其最大高度是 42 度,即观察者的眼睛到彩虹中心的连线与观察者的眼睛到彩虹顶部的连线之间所成的角度。只有当太阳面对着云和雨,而且在天空中的位置较低时,才能看见彩虹。亚里士多德和一些中世纪思想家曾试图通过来自云团和雨滴的太阳光的反射折射的各种组合来解释彩虹的大小和形状。

弗赖贝格的迪特里希(Dietrich of Freiberg,约 1250—约 1310)基于实验提出了关于彩虹的富有革新精神的观念。也许是受到阿尔哈增和威特罗对光与视觉的点对点分析的影响,迪特里希认为彩虹是太阳光在个别雨滴内的反射和折射所引起的。为了研究光在水滴内部的行为,他用一个盛满水的球形碗作为雨滴模型追踪光线的路径,光线进入水滴,在水滴表面发生折射,然后在水滴背面发生反射,在离开水滴时又发生一次反射。通过这一步骤,他从经验上确定了彩虹在哪些角度可见,在哪些角度可以看到特定的颜色。他还可以把副虹或霓的成因解释为天空中比产生主虹的水滴更高位置的水滴内又发生了一次反射。

无论是否知道迪特里希的理论,笛卡儿在与《光学》同时发表的《气象学》(*Meteorology*)中处理彩虹的方法都与这位中世纪学者的方法极为相似,即用一个球形玻璃容器来研究光在个别雨滴中的行为。他用一个透明的细颈瓶重新做了实验,在水球的不同位置作了相似的测量，得出了与迪特里希类似的结果。与迪特里希一样，笛卡儿也在个别水滴中追踪光线的路径。他计算了光在主虹和副虹中所走的路径，得出结论说："主虹是由经过两次折射和一次反射到达眼睛的光线引起的，副虹则是由经过两次折射和

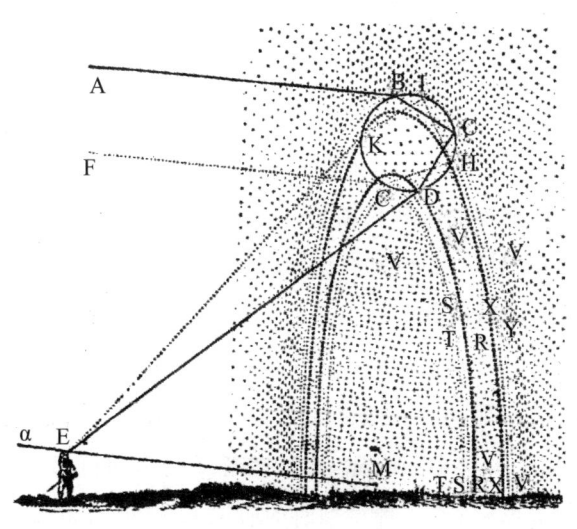

笛卡儿对彩虹的解释

GHK 是彩虹中的一个水滴。AB 是太阳发出的光线。光线在水滴表面的 B 处发生折射，在 C 处发生反射，离开水滴时在 D 处再次发生折射，并传到 E 处观察者的眼睛。这一光线的路径是 D 所处主虹（高度约为 42 度）的一部分。

另一条光线 FG 在从 K 处离开并且在 E 处进入观察者的眼睛之前，在水滴内部的 H 和 I 处发生了两次反射。它产生了副虹，K 即处于副虹之上。

■图见 René Descartes, *Discours de la méthode pour bien conduire sa raison et chercher la verité dans les sciences, plus la Dioptrique, les Météores, et la Géometrie qui sont des essays de cette methode* (Leiden: J. Maire, 1637), p.251.

两次反射到达眼睛的光线引起的。"[①]这种分析解释了为什么副虹没有主虹明亮,以及为什么副虹颜色的排列顺序与主虹相反。这一实验工作使笛卡儿能够解释彩虹的几何性质。

另一个问题依然存在:为什么彩虹会显示出颜色?和亚里士多德以来的几乎所有学者一样(包括比笛卡儿更小的同时代人弗朗切斯科·格里马尔迪[Francesco Grimaldi,1618—1663]、波义耳和罗伯特·胡克[Robert Hooke,1635—1703]),笛卡儿也认为颜色是由白光的改变所引起的。他再次用小球作为光线微粒模型,把颜色解释为光线微粒旋转的结果。当旋转快于微粒的前进时,光就显得较强,最浓的颜色是红色;当旋转慢于微粒的前进时,光就呈蓝色,最淡的颜色是紫色。光进入和离开雨滴时发生的折射影响了微粒的旋转,从而产生了彩虹的颜色。

在《哲学原理》中讨论光时,笛卡儿主要关注如何把光纳入其自然哲学和宇宙论中。因此,他试图解释太阳和恒星如何发光。他放弃了《光学》讨论三种模型时的假说方法,提出光是这些发光天体的微粒不得不远离其旋转中心的一种力或倾向。涡旋从其中心向外产生压力,一种离心力。这种力又会对充满整个空间的第二元素微粒产生压力。因此,我们看到光从这些天体涡旋的中心发出来,而且知道,就像流体中的压力一样,光是瞬间传播的。

后来的自然哲学家往往从笛卡儿的解释出发来研究光的问题。笛卡儿关于折射定律的发现激励了人们基于基本的运动原理

---

① René Descartes, *Discourse on Method*, *Optics*, *Geometry*, *and Meteorology*, trans. Paul J. Olscamp (Indianapolis: Bobbs-Merrill, 1965), p.201.

来寻求证明。皮埃尔·德·费马(Pierre de Fermat,1601—1665) 113
试图从指导自然研究的一条非常古老的假设导出折射定律,即"自
然不做徒劳之事"。费马把这一原理解释为过程将在最短的时间
内发生。在17世纪末,惠更斯证明了如何从他本人的光的波动理
论中推出折射定律。在《光论》(Traité de la lumière,1690)中,惠
更斯试图解决笛卡儿体系所碰到的一些困难。这些困难中最著名
的就是:光从一种介质进入另一种介质时速度为什么会发生改变,
光线在交叉时为何不会彼此影响。惠更斯设想光是由一个中心扰
动所发出的一系列波。他虽然认为光是由发光体表面各处发出的
在物质介质中传播的波,但并不认为这些波是周期性的(即以规则
的时间间隔发生),因为发光体表面的微粒的运动并不是规则的。
球面波前上的每一点都变成了次波的中心。为了解释光的直进现
象,惠更斯假定次波只有在与主波相切的地方才能产生视觉,那些
切线垂直于半径——从球面波中心发出的直线。

惠更斯用他的波动理论导出了折射定律。他指出,当一个波
前碰到折射面时,就像光从空气进入水中一样,最先碰到表面的光
线将会根据新介质的光学性质,速度要么增大,要么减小。这种运
动变化将会依次影响每一条光线,直到整个波前的方向发生改变。
接着,惠更斯用简单的几何分析证明了如何能从他的光的波动理
论推出折射的正弦定律。

惠更斯虽然发展出了一种光的波动理论,但拒绝承认波的周
期性。而牛顿虽然认为光线由物质微粒流构成,但引入了周期性
观念以解释所谓的干涉现象,比如压在两块玻璃片之间的水或其
他流体所形成的颜色环。牛顿采取了一种富有革新精神的方法,

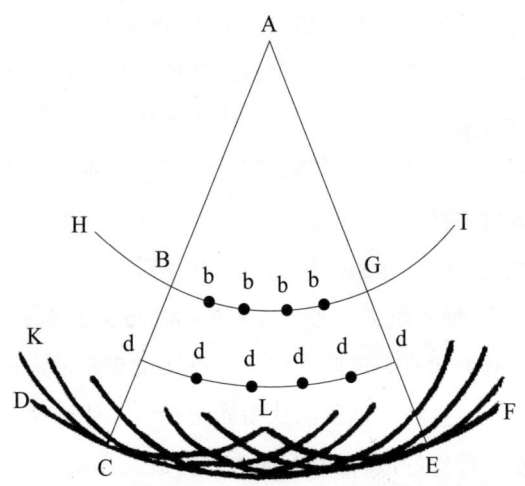

惠更斯的作为波前的光的观念

在传播光的流体介质中,A 点的某种扰动产生了一个波前,相继传到 BG、dd 和 CE。波前上的每一点——b,b,b 和 d,d,d 等——形成了次波。这些次波并不是周期性的。次波波前上能够产生视觉的只有那些与主波波前相切的点。因此,光沿直线行进,比如沿着 ABC 和 AGE。

■图见 Christiaan Huygens, *Traité de la lumière, où sont expliquées les causes de ce qui luy arrive dans la reflexion et dans la refraction, et particulierement dans l'etrange refraction du cristal d'Islande* (Leiden: Pierre vander AA,1690),p.19.

即通过测量玻璃片之间的距离来分析该现象。他把一块凸透镜压在一块玻璃平板上。通过观察从中心算起的颜色环的距离,以及基于他对透镜曲率半径的认识所作的精妙的几何分析,牛顿计算出了两块玻璃片之间在亮环及暗环处的距离。他猜想,光微粒撞击流体时会在流体中引起振动。由此,他对这一事实的解释是,光在某些直径处将从薄膜反射,在另一些直径处将从薄膜透射。根据相继的光微粒撞击流体时流体中的振动是朝着微粒运动还是远离微粒运动,光微粒将被反射或折射。牛顿把相应的振动称为"易反射猝发"和"易透射猝发"。牛顿的"猝发"理论把周期性引入了对光的分析,虽然与惠更斯不同,牛顿采用了一种光的微粒论。

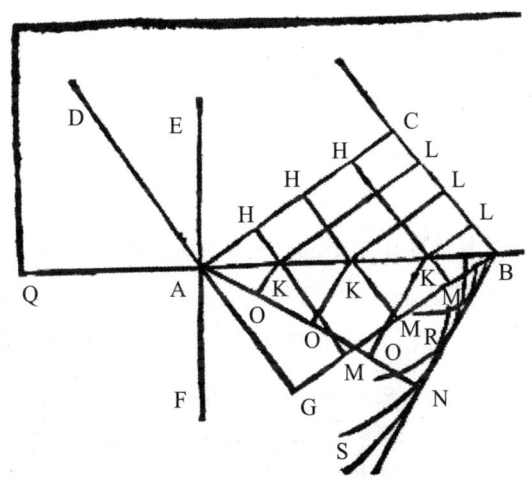

惠更斯对折射定律的证明

设 AC 是在 A 处斜着入射到界面 AB 的平面波前。由于波前上的每一点都会撞击界面,其前进将会减慢,因此波前 BN 将会相对于原初的波前 AC 发生偏折。入射角是∠EAD,折射角是∠FAN。对这一图形的结合分析表明,sin∠EAD = n sin∠FAN,其中 n 是这两种介质中光速之比。

■图见 Christiaan Huygens, *Traité de la lumière, où sont expliquées les causes de ce qui luy arrive dans la reflexion et dans la refraction, et particulierement dans l'etrange refraction du cristal d'Islande* (Leiden: Pierre vander AA, 1690), p.36.

在牛顿之前,几乎所有自然哲学家都和笛卡儿一样赞同亚里士多德的看法,即颜色是由白光的改变所引起的。牛顿1671/

1672年①发表于《皇家学会哲学汇刊》(Philosophical Transactions of the Royal Society，最早的"科学"期刊之一)的关于光和颜色的著名实验推翻了这种传统看法。在这篇论文中，牛顿表明白光是由不可分解的有色光线组成的。他报告说，让一束太阳光透过一个棱镜，把由此产生的光谱投射到房间内距离窗户大约22英尺(6.7米)的墙壁上。他考察了三条光线的路径——光束边缘的两条以及进入棱镜时平分光束的一条，发现虽然入射棱镜的光束是圆形的，但投射在远处墙壁上的光谱的长度却是宽度的四五倍，而不是我们所预想的太阳的圆像。其变形远比折射定律所预言的要大。牛顿试着旋转棱镜，并且更换了用不同种类的玻璃制成的棱镜。这些改变都没有对结果造成显著影响。于是他提出假说，白色的太阳光实际上是由不同颜色的光线组成的，棱镜使每一种光线发生了不同的折射。

牛顿通过他所谓的"判决性实验"检验了这一假说。在以通常方式获得了拉长的光谱之后，他让一束单色光通过第二块棱镜，观察到它的颜色并没有发生变化。如果颜色源于白光的改变这一传统理论是正确的，那么当单色光通过棱镜时，颜色也应当发生变化，但结果并非如此。在牛顿看来，这表明最初的白光是由不同颜色的单色光组成的，每一种单色光都有特征性的"可折射度"，或我们所说的折射率，牛顿对其作了认真测量。作为对其理论的最终

---

① 英国人并没有采用罗马天主教会在1582年确立的已经沿用了150年左右的格里高利历，因为他们认为这种新历是一场"天主教阴谋"。因此，日期书写有一些反常。根据英国人遵循的旧的儒略历，一年开始于3月25日。于是，对于1月1日与3月25日之间的那些日期，英国人使用复合形式：斜线号之前的日期是儒略历的年份，斜线号之后的日期则是格里高利历的年份。

实验证明,牛顿让分色光谱通过一个会聚透镜,光线又重新组合成了一束白光。这些实验完全修改了颜色理论。

牛顿的同时代人并未立刻认识到其发现的重要性。他们没有认真考虑实验结果,而是把注意力集中在牛顿的思辨上,即通过假

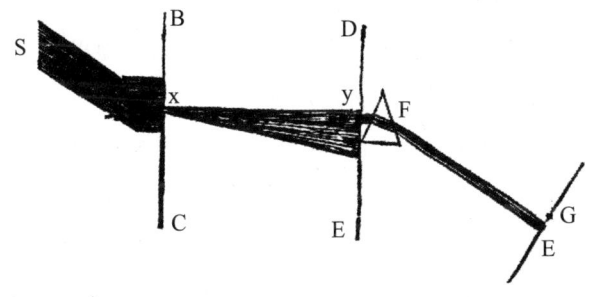

牛顿证明白光分解的"判决性实验"

牛顿关闭百叶窗,让一束太阳光 S 透过一个小孔进入屋内。这束光透过棱镜 A,在屏 BC 上产生一个光谱。牛顿让一束单色光穿过屏上的小孔 x,传到另一个屏 DE 上,其中一些穿过了小孔 y。这束光又穿过第二块棱镜 F,发生了折射。折射光束传到远处的墙壁上,落在 H。光束的颜色一直没有改变。牛顿认为这一结果表明,白光是由单色光混合而成的。第一块棱镜将白光分成了各个分色。穿过棱镜并未改变白光,因为让单色光束透过第二块棱镜并未改变其颜色。

牛顿用每一种谱色重复进行这一实验,透过第二块棱镜时测量其折射角。他确定,每一种颜色都有不同的折射角,并把这一角度称为"可折射度"。在用会聚透镜进一步做的实验中,他又将所有单色光重新结合成一束白光。

牛顿的结论是,第一块棱镜将组成白光的不同颜色的光线分离开来,因为它们的可折射度各不相同。因此,与古老传统和当时的说法相反,牛顿声称,颜色并非白光改变的结果,白光是由不同颜色的光线组成的。

■ 图见 Isaac Newton,"Mr. Newton's Answer to the Foregoing Letter," *Philosophical Transactions*, no. 85, July 15, 1672, p. 5016.

假设光是由微粒构成的,不同颜色光线的微粒有不同的大小,便可解释不同颜色光线之间的差异。牛顿的几乎所有批判者——胡克、惠更斯以及耶稣会士巴蒂斯(Ignace-Gaston Pardies,1636—1673)和弗朗西斯·莱纳斯(Francis Linus,1595—1675)——都反对他这种临时的机械论解释,而不明白他已经否证了颜色源于白光的改变。牛顿明确区分了经验的、实验的结果和思辨的机械论理论,当时很少有人能够理解这一区分。

和天文学一样,运动科学和光学都在17世纪发生了重要转变。亚里士多德的运动概念让位于一种基于惯性原理的概念,从而有利于把数学应用于传统上一直用本质上定性的术语来表述的问题。此前未知的光现象的发现引出了有关光的物理本性的新问题。

运动科学和光学在传统上都被视为混合数学的分支,都是用数学方法来解决物理问题。把运动科学与传统力学联系起来,以及寻求力学模型来解释光和视觉的几何性质,涉及学科界限的重新安排。一门新的学科——数学物理学从这一过程中产生出来。根据亚里士多德对科学的分类,这样一门学科会被视为自相矛盾。到了17世纪末,数学物理学这一领域的存在代表着一种重要转变,不仅在自然研究的内容上,而且在其组织上。随着这门新学科的出现,自然哲学的方法和内容得到重新规定,亚里士多德体系逐渐被废弃不用。

第六章 探索物质的属性：炼金术与化学

在近代早期，对物质的研究表现为两种不同形式。自然哲学家们讨论一般物质的属性；炼金术士和化学家们则用观察和实验方法来研究特殊物质的属性，并根据前人的理论和自己的实验观察结果作出解释。这些方法和理论有其深刻的根源，可以一直追溯到古代。

几种不同的活动促进了对物质属性的研究。医学、冶金学和哲学都对炼金术和化学的发展起了作用。炼金术与化学之间的清晰界限直到近代才产生。事实上，炼金术（制造黄金）与化学（关于物质属性、制备、转化、相互作用和结构的更一般的科学）之间的区分直到 18 世纪才变得寻常，这一事实可以从 17 世纪的术语"化学"(chymistry)及其同源词反映出来。

寻求黄金和健康：文艺复兴时期的转变

帕拉塞尔苏斯(Paracelsus, 1493—1541)的全名是菲利普·奥里奥卢斯·特奥弗拉斯图斯·波姆巴斯图斯·冯·霍恩海姆(Philippus Aureolus Theophrastus Bombastus von Hohenheim)，

他继承了化学和炼金术的这些传统以及赫尔墨斯主义宇宙论,但他最先把这些观念运用于医学领域。其追随者创造了一种与17世纪机械论哲学相竞争的化学论哲学,深刻影响了化学和医学领域,就像哥白尼和维萨留斯分别深刻影响了天文学和解剖学的发展一样。帕拉塞尔苏斯肆意批判传统医学,挑战医学权威,四处游学,生活动荡不定。

帕拉塞尔苏斯的人生同样遵循着常见的模式,即先是辉煌的成功,然后是耻辱的失败。他的医术使其获得了回报,然后他恩将仇报,又失去了这种回报。例如,1527年他到巴塞尔为久治未愈的著名出版商约翰内斯·弗洛本(Johannes Froben)治病。治愈之后,帕拉塞尔苏斯被任命为巴塞尔的市政医生,这一职位使他有权利在大学做讲座。接受这些荣誉之后,他立即对大学的全体教员发起挑战。他宣称自己每天将做两小时讲座,讲授自己的自然哲学和疾病理论,他说这些内容都是基于他本人的观察,而不是构成中世纪医学课程基础的希波克拉底和盖伦的文本。不仅如此,他还用自己的母语——瑞士德语做讲座,而不是用正式的学院派语言——拉丁语。这种挑战的高潮是,帕拉塞尔苏斯在施洗约翰节前夜将阿维森纳的权威著作《医典》(*Canon of Medicine*)扔进了学生的篝火。没过多久,他讲座的权利被大学撤销,且面临多项行为不端指控。他争论不断,辱骂了不少官员,弗洛本死后,他慌不择路地离开了巴塞尔,丢下了财产和著作手稿。巴塞尔的这类情节曾在其一生中多次上演。

尽管生活动荡不定,争议不断,但帕拉塞尔苏斯提出的思想却使医学发生了革命。他相信化学提供了理解自然和医学的钥匙,

第六章 探索物质的属性:炼金术与化学

认为亚里士多德、盖伦和阿维森纳这三位大学医学课程的权威对化学一无所知,因此完全无视他们的思想。帕拉塞尔苏斯提出了一种化学论哲学以取代传统医学,这种哲学包含了关于大宇宙与小宇宙之间对应关系的赫尔墨斯主义观念,这种关系是上帝植入宇宙的统一性的基础。在帕拉塞尔苏斯看来,小宇宙是人:

> 你应当知道,所有这一切都存在于人之中,并且意识到,天穹在人的内部,天穹连同其身体行星和恒星的伟大运动产生了呼气、相合、相冲等你所理解和所谓的这些现象。天文学理论用星位、天文表等等严肃而深入地探寻的一切事物——同样的认识应当成为一门课,教给你关于身体天穹的知识。……你知道地球存在仅仅是为了给人出产果实。根据同样的逻辑,身体存在也仅仅是出于同一理由。于是,从身体内部长出各种食物以供属于身体的肢体所使用。肢体就像地球的果实一样生长。①

天体的流溢(Emanations)引起了大宇宙与小宇宙的对应关系。医生需要理解这种关系以及隐藏在世俗事物背后的秘密。他不应依赖古人的书籍,而应依赖他本人以及他人的经验:"医生不

---

① Paracelsus, *Volumen medicinae paramirum*, quoted in Allen G. Debus, *The Chemical Philosophy: Paracelsian Science and Medicine in the Sixteenth and Seventeenth Centuries*, 2 vols. (New York: Science History Publications, 1977), 1:53.

应只依赖于其学派教给他的知识,而应了解老妪、埃及人以及诸如此类的人的说法;因为在这些事物上,他们比所有学院派更有经验。"① 这种经验知识不仅包括直接的经验观察,而且包括祈祷、信仰和想象。

帕拉塞尔苏斯认为,世界和人体运作的主要过程是炼金术的。因此,他对创世作了一种炼金术的说明,声称一切产生的原则是分离,而分离和蒸馏乃是一种关键的炼金术过程。他采用了一种修改版本的亚里士多德四元素理论,为其补充了三"要素"(principles)——盐、硫、汞,这些要素为普通物质赋予了典型性质。三要素与名叫"盐"、"硫"、"汞"的三种日常物质并不相同,而是进入日常物质之中的性质的承载者。盐引入了坚固性,硫引入了气味、颜色和可燃性,汞则引入了挥发性。一个简单的实验似乎证明绿色枝条中存在着所有这三种要素。当绿色枝条燃烧时,它会产生灰(盐)、火(硫)和烟(汞),每一种东西都是枝条在燃烧过程中释放出来的。

希波克拉底派和盖伦派的医生把疾病看成系统性的,认为疾病源于四种体液的不平衡,而帕拉塞尔苏斯则认为疾病源于外在于人的、影响人体特定部分的原因。由于人体的各个部分对应各个天体,医生可以通过理解星辰与身体各个部分之间的对应关系以及星辰与地球上的金属、矿物和植物之间的对应关系来找到治疗方法。于是,占星学充斥于帕拉塞尔苏斯派的医学。炼金术

---

① Paracelsus, *Of the Supreme Mysteries of Nature*, quoted in Debus, *Chemical Philosophy*, 1:54.

第六章 探索物质的属性：炼金术与化学

也起着核心作用。根据帕拉塞尔苏斯的说法，"生基（archeus）"就类似于身体内部的一个炼金术士，能够调节身体的每一个器官，用指定的药物治好特定的疾病区域。基于这种对应理论，帕拉塞尔苏斯引入了化学疗法，而不再像传统那样依赖于草药调制。他最先用汞化合物来治疗梅毒，梅毒是哥伦布从新大陆回来之后在欧洲出现的一种毁灭性的疾病。当时流传着这样一则警告："与爱神共度一夜，与汞相伴三年。"

帕拉塞尔苏斯死后，他的一些追随者提出了一种新的化学论哲学以取代亚里士多德和盖伦的著作，他们认为后者在神学上是不可靠的，在哲学上是无用的。这种化学论哲学的支持者将帕拉塞尔苏斯在医学上的贡献比作哥白尼在天文学上的贡献以及路德和加尔文在神学上的贡献。化学论哲学家们自信能够在《旧约》和赫尔墨斯主义著作中找到智慧，以重新恢复亚当堕落之前的原始自然认识。他们频繁地援引上帝两本书的隐喻：神的言（《圣经》）和神的作品（《受造的世界》）。

在帕拉塞尔苏斯主义者看来，化学揭示了自然哲学的奥秘。他们不仅试图通过研究《圣经》和自然来改革教育，甚至用化学术语来解释《圣经》第一卷《创世记》中的创世记述和《圣经》最后一卷《启示录》中所预言的世界末日。他们相信，一种新的化学论哲学将为我们理解上帝的作品提供洞见，也能为基于大宇宙与小宇宙之间对应的一种新的化学医疗方法提供基础。和试图取代亚里士多德主义的机械论哲学家一样，他们也把自己的哲学当做一种新自然哲学的基础提了出来。

英国帕拉塞尔苏斯主义者兼化学论哲学家罗伯特·弗拉德

(Robert Fludd，1574—1637)为这种化学论哲学提供了一个生动的例子。他呼吁对医学和自然哲学进行变革，主张把隐秘科学(occult sciences)的知识而非过时的亚里士多德哲学当做这两门学科的基础。他认为数学是这些科学的关键，但这里所说的数学并非几何学、天文学和光学的简单数学。他试图在数学中寻找更深的意义，这种意义基于一种新柏拉图主义和毕达哥拉斯主义方法，使我们能够更深刻地理解受造世界中蕴藏的象征意义。

围绕着弗拉德赞同帕拉塞尔苏斯的"武器药膏"(weapon salve)而展开的争论既表明了这种新哲学的宇宙论承诺，又说明了它与亚里士多德主义和机械论哲学的差异。根据一种被归于帕拉塞尔苏斯的理论，武器药膏是一种可以疗伤的油膏，不过，需要把它用在伤人的武器上，而不是用在伤口上。它由女巫用令人作呕的成分调制而成，包括来自伤口的血(仍然是温的)、脂肪和绞死的犯人头盖骨上的头发等，能够穿过遥远的距离起作用。根据弗拉德等帕拉塞尔苏斯主义者的说法，武器药膏的效力源于大宇宙与小宇宙之间的对应关系，这种关系会在伤者与武器之间引起一种隐秘的同感。由于武器和伤口上都带有伤者微量的血迹，所以两者都对应于同样的天体；这种对应联系解释了为何能够产生超距作用。[①]

有宇宙关联的事物之间的这种同感能够解释一系列奇特的现

---

① 关于对武器药膏和近代早期自然哲学其他独特方面的虚构式描述，参见 Umberto Eco, *Island of the Day Before*, trans. William Weaver (New York: Penguin, 1995)。

象,比如"意大利某位君主或贵族的故事":

> 他在一次战斗中不小心失去了鼻子,医生建议他找一个奴隶,在其手臂上弄个伤口,然后立即把他受伤的鼻子接在奴隶受伤的手臂上,将其快速包扎起来,过一段时间,直到一个人的肉与另一个人合为一体,被其同化。这位贵族先生迫使一个奴隶就范,答应给他自由和犒赏;就这样,两个人的肉长在了一起,再从奴隶手臂上割下一块肉,把它弄成鼻子的样子给贵族安上,外科医生把它当做天然的鼻子用。康复的奴隶得到了犒赏,释放后去了那不勒斯。后来这个奴隶碰巧生病死了,这时贵族的鼻子生了坏疽,发生了溃烂;根据医生建议,他所拥有的死人的那部分鼻子被切除,同样根据这位医生的建议,他又根据上述经验活了过来,即以类似方式在他自己手臂上弄个伤口,像以前那样忍耐到一切都完成。他咬紧牙关忍住了剧痛,因此直到去世,他的鼻子都一直跟他在一起。[①]

17世纪30年代,一个关于武器药膏的争论在弗拉德周围迅速蔓延,当时弗拉德极力为武器药膏辩护,反驳关于它是魔鬼骗术的指控。英国牧师威廉·福斯特(William Foster)是亚里士多德主义者,他写了一本小册子攻击弗拉德赞成武器药膏,说它必定出

[①] Robert Fludd, *Doctor Fludds Answer unto M. Foster; or, The Squeezing of Parson Fosters Sponge, Ordained by Him for Wiping Away of the Weapon-Salve* (1631), quoted in Debus, *Chemical Philosophy*, 1:247.

自魔鬼之手，因此弗拉德必定是巫师。福斯特指出，《圣经》中没有提到武器药膏，所以它不可能是神的作品。不仅如此，它还破坏了亚里士多德物理学的一个基本原则，即不可能有超距作用，所以它不可能是自然的产物。福斯特声称，这种药膏只可能出自魔鬼之手。福斯特指控帕拉塞尔苏斯涉足魔法和巫术。"这种药膏的作者是菲利普·奥里奥卢斯·波姆巴斯图斯·特奥弗拉斯图斯·帕拉塞尔苏斯。我不是在施魔法吓唬读者，它只不过是一位魔法师的名字，是他最先发明了这种神奇的药膏。"①福斯特把自己的小册子命名为《擦除武器药膏的海绵》(*Hoplocrismaspongus*; or, *A Sponge to Wipe Away the Weapon-Salve*)，并且在深夜把两页扉页钉在了弗拉德家的大门上。弗拉德并未气馁，他在《弗拉德博士对福斯特先生的回应；或，挤干福斯特牧师的海绵》(*Doctor Fludds Answer unto M. Foster; or, The Squeezing of Parson Fosters Sponge, Ordained by Him for Wiping Away of the Weapon-Salve*)中回应了福斯特的批判，反驳了福斯特关于武器药膏源于魔鬼的说法。弗拉德利用其化学论自然哲学的基本原理对武器药膏作了解释。

还有几位自然哲学家也提出了武器药膏的问题。例如丹尼尔·森纳特(Daniel Sennert, 1572—1637)，他的物质理论把亚里士多德主义的微粒论与炼金术结合在一起，主张武器药膏之所以能够成功起作用，是因为保持了伤口的清洁。在描述了武器药膏并且

---

① William Foster, *Hoplocrisma-spongus; or, A Sponge to Wipe Away the Weapon-Salve* (1631), quoted in Debus, *Chemical Philosophy*, 1:281.

第六章　探索物质的属性：炼金术与化学

抛弃了涉及某种超距作用或世界灵魂（anima mundi）作用的解释之后，伽桑狄对药膏给出了一种详细的原子论解释。他声称，浸血的刀会留下原子的踪迹，有疗效的药膏微粒能够循着它回到伤口。

> 正如在空中挥动燃烧的火把会留下长长的烟迹，所以当挥动……刀剑时，可能会因为伤口的血液而在空中留下一种感觉不到的蒸汽的痕迹，这种蒸汽因其延续性会介入伤口和药膏之间。为防止认为这完全荒谬，请考虑一下物体的气味能够扩散多远，特别是那些气味强烈的东西……的确，当一只冒失的野兔或小鹿飞快地躲避猎狗的追赶，沿着弯曲的曲线被追赶时，一种非常精细的蒸汽将在空气中扩散并且保留下来，这种蒸汽我们的感官察觉不到，但猎狗却能感知。因为倘若没有什么东西留下来，猎狗如何能找到它呢？[1]

伽桑狄从未质疑过武器药膏的效力，但却试图表明它和宇宙中所有其他东西一样能用原子论术语来解释。

尽管化学论哲学家提出的一些观念显得出格，但他们的理论，特别是物质理论，强有力地影响了后来化学的发展。他们提议的大学改革，包括用以化学论哲学为基础的课程来取代以亚里士多德和盖伦思想为基础的课程，以及他们乌托邦式的方案，间接影响了后来 17 世纪伦敦皇家学会的形成。

---

[1] Pierre Gassendi, *Syntagma Philosophicum*, in *Opera Omnia*, 6 vols. (1658; facsimile repr., Stuttgart-Bad Cannstatt: Friedrich Frommann Verlag, 1964), 1: 457.

解释物质：近代早期的化学

除了关于武器药膏的争论，帕拉塞尔苏斯主义还深刻影响了17世纪的化学思想。化学论哲学家中非常有影响的比利时天主教徒范·赫尔蒙特（Joan Baptista Van Helmont, 1579—1644）把帕拉塞尔苏斯主义化学发展到了新的层次。虽然深受帕拉塞尔斯的影响，但范·赫尔蒙特并没有盲目遵从帕拉塞尔苏斯的学说，而是自由批判了他的许多观念。不过，范·赫尔蒙特的确强调了化学的重要性（别忘了炼金术与化学之间的区分在当时还不存在）及其与医学的密切关联。范·赫尔蒙特发展出了自己的自然哲学。无论是发展理论还是实验方法，他的工作都超越了前人。

范·赫尔蒙特把亚里士多德和盖伦斥为异教徒，坚持认为上帝创造了世界，上帝是运动的最终来源。他按照《创世记》中的创世顺序，否认天体可以在地球上引起运动或者对人产生直接影响。他认为每一个人以及人体的每一个器官和过程都有神圣的运动来源，即他所谓的"Blas"。因此，他否认有任何因果关系来源于大宇宙和小宇宙之间的对应，而这种关系曾在帕拉塞尔苏斯和后来的化学论哲学家那里起着核心作用。因此，范·赫尔蒙特提出的自然哲学始于神学考虑。

在范·赫尔蒙特看来，化学为医学和自然哲学提供了钥匙。他发展了一种物质理论，基于实验证据作出了许多结论。他拒绝接受亚里士多德的四元素理论，而是以《圣经》为指导。他指出，在创世的第二天，"神说，众水之间要有穹苍，把水和水分开。……

事就这样成了"。① 基于这段话,范·赫尔蒙特坚持说水是唯一的元素。《创世记》中既没有提到火,也没有提到气,他认为自己已经发现了定量的实验证据来表明所有地球物质最终都是由水构成的。

> 我之前准备了一个陶器,放入 200 磅在火炉中烘干过的土,浇上雨水湿润后,在其中植入 5 磅重的杨柳枝干;5 年过去了,柳树从土中长出来,重约 169 磅 3 盎司。每当有需要的时候,我都只用雨水或蒸馏水来浇灌陶器。柳树很大,植于土中,为防止空气中的灰尘混入土中,我用一块马口铁盖住陶器口,在上面钻了许多小孔。我没有记录过去四个秋天里掉落叶片的重量。最后,我再度将陶器里的土烘干,发现同样是 200 磅,少了约 2 盎司。因此,那 164 磅的木材、树皮和树根皆只因水而产生。②

根据范·赫尔蒙特的解释,该实验表明能够从树上提取的所有东西——油、木头、精、盐——都源于水。该实验中明显的定量方法是范·赫尔蒙特大量化学研究的典型特征。他认为,"任何东西都不能被自然力或技艺[人的技巧]所消灭",也不能被创造出

---

① Gen.1:6,7 (King James version).

② Jan Baptiste Van Helmont, *Oriatrike, or Physick Refined. The Common Errors therein Refuted, and the Whole Art Reformed & Rectified. Being a New Rise and Progress of Phylosophy and Medicine, for the Destruction of Diseases and Prolongation of Life*, quoted in Debus, *Chemical Philosophy*, 2:319.

来,这种看法为其运用定量方法打下了基础。① 因此,他相信物质的重量在化学变化中保持不变。

　　一切坚固的地球物质甚至是动植物的物质都可以被还原成盐,然后盐又可以分解成某种水,这支持了柳树实验的结论。由水可以产生不同种类的物质,这是因为存在着上帝在世界之初创造的"种子本原"(seminal principles)或种子。发酵——引导着来自上帝的力量——控制着种子的发展,这构成了范·赫尔蒙特活力论自然观的基本结构。范·赫尔蒙特还否认帕拉塞尔苏斯所说的盐、硫、汞三"要素"是混合物的组成部分。虽然用火或蒸馏所作的分析往往会从物体中产生这三种物质,但范·赫尔蒙特认为,它们在加热之前并不存在,而是过程本身的人工产物。

　　范·赫尔蒙特的思想受到了炼金术的影响。他自称用哲人石成功地把汞变成了纯金,还声称存在着一种万能溶剂 alkahest,这种溶剂可以"把任何可见物体分解成它的原初物质,种子的力量被保存下来"。②

化学的机械化

　　范·赫尔蒙特的理论和方法影响了后来许多化学家和自然哲

---

① Jan Baptiste Van Helmont, *Oriatrike, or Physick Refined. The Common Errors therein Refuted, and the Whole Art Reformed & Rectified. Being a New Rise and Progress of Phylosophy and Medicine, for the Destruction of Diseases and Prolongation of Life*, quoted in Debus, *Chemical Philosophy*, p.329.

② Ibid., p.326.

学家,特别是罗伯特·波义耳。波义耳从乔治·斯塔基(George Starkey,1628—1665)那里了解到范·赫尔蒙特的化学。斯塔基生于百慕大,在哈佛受的教育,是实践的炼金家。他1650年搬到伦敦,在那里建立了炼金术实验室,以笔名Eirenaeus Philalethes撰写炼金术论著。波义耳和牛顿都知道这些论著,并且吸收了其中包含的许多观念。虽然波义耳认识斯塔基,因为是斯塔基把他引入了化学和实验室实践,但他从未意识到斯塔基以笔名写了著作。波义耳生于一个富有的盎格鲁-爱尔兰(Anglo-Irish)家庭,17世纪40年代,年轻的波义耳主要关心的是道德和精神议题,对自然哲学至多只有一种理论上的兴趣。1650年年底与斯塔基会面后,波义耳很快便把注意力转到了自然哲学特别是化学。从那时起,波义耳的著作中开始有了一些关于观念和特定程序的讨论,这些观念和特定程序明显来自于他与斯塔基的交谈以及斯塔基的实验记录。斯塔基的赫尔蒙特主义态度深深地影响了波义耳,波义耳终生都持有这种态度。

除了把波义耳引入化学,斯塔基还使波义耳对炼金术产生了越来越浓厚的兴趣。波义耳的大量出版物和未发表手稿中多次提到炼金术、炼金术士和哲人石。波义耳声称观察到了若干次嬗变,而且出钱赞助英国、欧洲乃至土耳其的炼金术活动。他相信炼金术程序的效力,花了大量时间和金钱来寻求哲人石。17世纪的许多自然哲学家都和波义耳一样致力于炼金术研究。波义耳去世后,牛顿写信给波义耳的遗稿保管人约翰·洛克(John Locke,1632—1704),索要一张据说能将贱金属变成黄金的神秘红土秘方。牛顿称,波义耳在若干年前曾经跟他说过这张红土秘方,但是当牛顿按照这张秘方去做时,并没有成功地实现嬗变。牛顿认为,也许波义耳为了炼金术的秘密而省略了关键步骤。既然洛克现在可以看到波义耳的所有手稿,牛顿希望洛克能够寄给他完整的秘方。18世纪启蒙运动的两位主要人物就所谓的近代化学之父留下的一张制备黄金的炼金术秘方进行了严肃的通信,我们需要停一下,对一些公认的看法进行重新考察!

波义耳有一部名著是《怀疑的化学家》(*The Sceptical Chymist*, 1661),在这部著作中,波义耳攻击了传统的元素和要素。它同时具有斯塔基的实验室实践和范·赫尔蒙特的化学方法的特点。波义耳指出,实验和观察都没有为三种帕拉塞尔苏斯要素或四种亚里士多德元素提供可靠证据。不同步骤可以把某种物质分解为不同成分,而不是像元素或要素理论所认为的那样总是分解成相同数目的成分。有些物质极其稳定,根本不能作化学分解,比如金。虽然树枝燃烧会产生盐、火和灰——对应于帕拉塞尔苏斯所说的汞、硫、盐——但蒸馏这根树枝却会产生油、精和水等完全不同的成分。

波义耳对"元素"的定义使许多评注者和许多化学教科书的作者宣称他是"近代化学之父"。但他们这么称呼波义耳乃是因为没有完全理解下面这段话:

> 我现在所谈的元素,如同那些说法最为明确的化学家们所谈的要素,是指某些原始的、简单的物体,或者说是完全没有混杂的物体。它们既不是由任何其他物体所构成,也不是由自身相互构成,而是我们所说的完全混合物(perfectly mixt Bodies)的组分,它们直接复合成完全混合物,而完全混

第六章 探索物质的属性:炼金术与化学

合物最终也分解成它们。然而,在所有那些被说成是元素的物体当中,是否总可以找出一种这样的物体,则是我现在要质疑的事情。①

这段话证明称波义耳为"近代化学之父"是错误的。这里引用的整段话清楚地表明,波义耳远非把他的化学建立在一种近代元素概念的基础之上,而是质疑是否有这样的东西存在。他在接下来的一段话中支持了这一结论。

我想,你大概猜得出我这样争辩的意思,也想得到我总不至于可笑到如此地步,竟然会否认土、水、汞和硫这些物体的存在:我将土和水视为宇宙(或者毋宁说地球)的一些组成部分,而不是所有混合物的组成部分。而且,虽然我不会武断地否认有时可能会从某种矿物甚至是金属中得到某种流动的汞或可燃物,但我无需承认在这种情况下得到的流动的汞或可燃物即是上述意义上的元素。②

波义耳还用柳树和其他植物重复了范·赫尔蒙特的实验,表明亚里士多德的四元素并非真正基本,而是可以相互转化。

---

① Robert Boyle, *The Sceptical Chymist; or, Chymico-Physical Doubts & Paradoxes, Touching the Spagyrist's Principles Commonly call'd Hypostatical, As They Are Wont to Be Propos'd and Defended by the Generality of Alchymists* (1661), in *The Works of Robert Boyle*, ed. Michael Hunter and Edward B. Davis, 14 vols. (London: Pickering and Chatto, 1999), 2:345.

② Ibid.

如果说波义耳对化学概念和程序的介绍主要源自斯塔基,那么他处理自然哲学的一般方法则有其他起源。他坚定地拥护一种机械论哲学版本("机械论哲学"一词实际上是波义耳创造的),即他所谓的微粒论。虽然波义耳的微粒哲学渗透在他的大多数著作之中,但其最为系统的表述是在《形式和性质的起源》(*The Origin of Forms and Qualities*,1666)中。波义耳的自然哲学同时带有伽桑狄和笛卡儿的痕迹,虽然对于物质是否无限可分,自然中是否存在真空等关键议题,波义耳仍然持不可知论的态度。他赞同机械论哲学家的基本看法,即可以用物质和运动解释一切物理现象。他声称所有物体都是由"一种普遍物质"构成的,这种物质是"有广延的、可分的和不可入的"。[①] 为了解释各种不同物体及其性质变化,波义耳又补充了第二种基本本原——运动。

构成物质的微粒彼此只有大小和形状的不同。波义耳持一种分层的物质理论。他把最小的微粒称为"自然最小单元"(*minima naturalia*)。虽然全能的上帝如果愿意,能把它们继续分割下去,但在自然中,它们几乎不会被继续分割。这些最小单元构成了结合非常紧密的微观凝结物。有些凝结物一直很稳定,虽然它们原则上能够被分割。像金那样很难分解的物质就是由这些稳定的凝结物构成的。凝结物的位形产生了宏观物质的性质。这些第一级的凝结物聚合成不那么稳定的更大的凝结物。《形式和性质的起

---

① Robert Boyle, *The Origine of Formes and Qualities* (*According to the Corpuscular Philosophy*), *Illustrated by Considerations and Experiments*, in Boyle, *Works*, 5:305.

第六章 探索物质的属性：炼金术与化学

源》的一个有趣特征是波义耳试图用微粒术语解释所有重要的亚里士多德概念。他考虑了亚里士多德的实体、形式、质、生灭等概念，用物质和运动对每一个概念作了重新解释。通过把机械论哲学运用于化学这门学科的内容，他支持了伽桑狄和笛卡儿的纲领。

波义耳声称，由复杂微粒的位形及其各个部分的重新排列产生了化学物质和化学反应的性质。他的许多论著都是为了表明，化学为机械论哲学提供了一些最好的说明。事实上，在《形式和性质的起源》更长的第二部分中，波义耳描述了对各种物质的分析和综合，并用微粒术语描述了他所观察到的所有化学过程。

波义耳最著名的研究涉及空气的本性和真空。他用新制造的空气泵做了大量实验，以证明空气的性质——特别是它的"弹性"——可以用机械论术语来解释。他注意到了空气的压缩和膨胀，假定空气是由小弹簧一样（如卷曲的羊毛）的微粒构成的。他把一个水银气压计置于空气泵内部，表明气压计中水银的高度与泵中空气的压强成正比。随着空气从泵中抽出，从而压强降低，水银柱开始下降。当空气进入时，水银柱上升。这些观察使他断定，是空气压力而非"对真空的惧怕"使水银柱悬在气压计管中。

尽管波义耳是出色的实验化学家，但事实证明，对于化学来说，他把化学纳入机械论哲学的方案并没有成功。虽然知道关于化学物质行为的许多事实，但无论是波义耳还是其他任何人当时都不知道化学分析层次的一般原理或定律。没有人真正知道如何把化学现象还原为物理学。在一些人看来，这一方案是清楚的，但其实现方法尚不存在。另一些人则否认其可能性。同样，虽然波义耳作了那些表述，但很难看出机械论哲学如何能够实际帮助实验化学家探索化学物质的属性。

事实证明,传统帕拉塞尔苏斯主义者所说的要素对于推进化学知识特别是理解燃烧更有用处。帕拉塞尔苏斯主义者约翰·约阿希姆·贝歇尔(Johann Joachim Becher,1635—1682)强调化学的实践方面。他和帕拉塞尔苏斯一样相信,化学是理解医学的关键。他认为金属由三种不同类型的土所构成,其中一种是可燃性的本原。他借用范·赫尔蒙特的术语,称这种物质为燃素。在大学和法庭任职的德国医生格奥尔格·恩斯特·施塔尔(Georg Ernst Stahl,1660—1734)更完整地阐述了燃素理论。他反对像波义耳那样的机械论哲学家以及牛顿的追随者想把化学现象还原为物理学,而是强调对物质的化学属性进行研究。

施塔尔认为水和土是两种基本物质,但把土分成了三种本原:金属的或水银质的土,赋予金属以亮度和可锻性;可玻璃化的或玻璃质的土,使物质能够熔化,形成光滑如镜的材料;硫黄质的土或燃素,赋予物质以燃烧的能力。这些土无法被分离,它们赋予物质以特殊的化学属性。施塔尔把燃烧和灰化(比如生锈等现象)都解释为失去燃素的过程。灰化过程是可逆的。在燃素存在的情况下加热石灰(灰化的产物)会把金属恢复成原初的金属状态。燃素理论可以解释为何蜡烛在密闭容器中不再燃烧:容器中的空气充满了燃素而不再能吸收更多的燃素。大气中之所以没有充满燃素是因为植物吸收了燃素。因此,范·赫尔蒙特的柳树之所以会生长,是因为它不仅从根部吸收了水,而且从空气中吸收了燃素。

对燃素理论的进一步讨论以及精确的定量方法使得18世纪的约瑟夫·普里斯特利(Joseph Priestley,1733—1804)和安托万—洛朗·拉瓦锡(Antoine-Laurent Lavoisier,1743—1794)发现了氧气,并且提出了现代的化学元素概念。但这是另一段故事了。

近代早期的化学并不完全适合于近代科学的学科范畴。对物质属性的研究有炼金术、医学、赫尔墨斯主义传统和机械论哲学等各个方面,此时它并未基于一套公认的看法发展成一门统一的科学。现代范畴、现代学科和新的看法都是后来才有的。

第七章 研究生命:植物、动物和人

植物、动物和人在自然界中占据着中心地位。近代早期的生命研究并不限于某一门科学或学科。事实上,"生物学"一词直到19世纪才出现。学者、医生和自然哲学家从各种不同角度来研究生命。对欧洲以外区域的探索使人们发现了此前未知的动植物,质疑了传统文献的真实性,促使人们对新发现的生物作出精确描述。与此同时,博物学家认真研究了欧洲本地的动植物。医学家既注重识别古典文献中描述的植物,又关注此前未知的植物的药性。解剖学的发展促进了对人体各个部位功能的讨论,从而鼓励对传统生理学重新进行考察。自然哲学家试图通过讨论人与动物的区分这一似乎永恒的问题来定义人性,这个问题因机械论哲学的兴起和唯物论的威胁而变得紧迫。神学问题贯穿于所有这些研究领域之中。

模仿亚里士多德:动植物的种类

博物学可以追溯到亚里士多德、普林尼和迪奥斯科里德斯的著作。和其他需要研究的领域一样,博物学因为文艺复兴时期人文主义者的工作而得到复兴。人文主义者重新发现古代文本(本质上是一项文学活动),它的一个有些出乎意料的结果是,重新强

第七章 研究生命：植物、动物和人

调观察是自然知识的权威来源。在编辑普林尼的《博物志》时，人文主义者尼科洛·列奥尼切诺(Niccolò Leoniceno，1428—1524)发现了罗马博物学文本中对古希腊著作的大量抄写错误和误译。他对一位古典权威的批判引发了激烈争论。尽管伊谟劳·巴巴罗(Ermolao Barbaro，1454—1493)试图纠正普林尼文本中的错误，但其他人文主义者断言，只有通过观察普林尼所描述的植物，并把其描述与其他作者的标本和描述相比较，才能确定普林尼描述的准确性。这样一来，一项最初作为纯文学研究的计划催生了一门基于直接观察动植物的博物学。虽然列奥尼切诺极力主张直接观察，但他更关心如何纠正他在普林尼和阿拉伯医学著作中发现的错误，而不是重新论述植物。在他那个时代，古代文本构成了医学课程的基础，因此，他旨在消除那些文献中的错误，而不是创造一门经验的新博物学。

在恢复博物学研究的过程中，医生和医学作者也起了重要作用。由于医生要能判断药剂师的能力，所以他们需要了解药物的成分，其中多数药物都来自植物。因此，从16世纪开始，意大利的医学教员们开始对迪奥斯科里德斯的《药学》(*Materia medica*)进行研究，这本书是巴巴罗从希腊语译出，并于1499年他死后出版的。尽管早在中世纪，迪奥斯科里德斯著作的拉丁文译本就已为人所知，但在印刷术出现之前一直无法复制插图。在印刷版本中，迪奥斯科里德斯所绘的植物插图成了16世纪中叶以后该书的一个重要特色，极大地增加了它的用途。为使医生们能够辨识这些植物，帕多瓦大学和比萨大学的医学教员们建立了药用植物园，学生们可以在那里直接观察重要的药用植物。

康拉德·格斯纳(Conrad Gessner，1516—1565)对动植物的

详细描述不仅基于民间传说、神话和象征表示,而且建立在仔细观察的基础之上。他希望读者能把《动物志》(*Historia animalium*, 1551)当做一本工具书来用,而不是当成散漫的博物学论述,因此按照字母顺序对动物进行了排列。对于每种动物他都提供了若干类信息:这种动物在古代语言和现代语言中的名称;它的地理分布、区域差别和形态学(结构);它的行为;它的特征、精巧设计、恶行和美德、同感和反感;食用价值;语文学方面。最后一个范畴是它在各个语言中的名称、与之相联系的隐喻以及它的象征含义(这是最重要的)。格斯纳通常会引用安德里亚·阿尔齐亚蒂(Andrea Alciati,1492—1559)1531年出版的《象征之书》(*Emblemarum liber*)来确定动物的象征含义。在这本书中,阿尔齐亚蒂印制了关于各种主题的象征图片。每一个象征都伴随着一首诗或一句警句。描述各种动物的象征经常是与之相关的传统民间传说含义或宗教含义。在格斯纳著作出版之后的那个世纪,隐喻的博物学开始流行起来。

医学教授乌利塞·阿尔德罗万迪(Ulisse Aldrovandi,1522—1605)在博洛尼亚大学讲授博物学,并在那里建了一个植物园。阿尔德罗万迪与包括格斯纳在内的全欧洲许多学者和收藏家保持着通信。他收藏了大量自然标本和其他珍奇物,这些东西成为最早的博物馆之一的藏品。阿尔德罗万迪写了许多知识广博的博物学著作,其中许多直到他去世后才出版。格斯纳在书中是按照字母顺序对动物进行排序,而阿尔德罗万迪则依据足的形状对动物进行分类。

除了撰写关于活的动植物的知识广博的著作,文艺复兴时期的博物学家还写了关于从地里挖出之物的著作。"化石"一词并不是指当时有机物的遗骸,而就是指"从地里挖出的东西"。于是,格斯纳的著作《论各种化石类的东西：宝石、石头、金属以及诸如此类的东西》(*De omni rerum fossilium genere, gemmis, lapidibus, metallis, et huiusmodi*, 1565)描述了宝石、矿物晶体、古钱币、纽扣等各种物件以及与生物类似的东西。格斯纳论述化石的这本著作与关于动植物的作品一样，除了是纯粹描述性的，还有很强的文学性和语文学特征。阿尔德罗万迪和格斯纳都大量运用木刻插图来确定他们描述的对象。文艺复兴时期的博物学家通过占星学的和新柏拉图主义的宇宙论进行思考，他们往往诉诸天界的影响、支配世界的对应关系以及认为石头和金属从地球中生长出来的亚里士多德理论来解释这些"赋有形状的石头"的起源。

到了16世纪，博物学家们放松了与古代文本的联系，变得越来越热衷于建立一个不为古人所知的动植物目录。他们发明了专门的工具来加快和共享其观察结果。这些工具中最突出的是用来在纸张之间保存干燥植物的蜡叶标本集和培育不限于药用植物的植物园。蜡叶标本集使收藏家们能够共享标本，在田野之外观察它们。加斯帕·鲍欣(Gaspard Bauhin, 1541—1613)，巴塞尔大学的第一位解剖学和植物学教授，写了一些重要的草药书，强调撇开医疗用途对植物进行仔细观察。考察完新植物的博物学家们彼此交流自己的发现，要么亲自前往与他人分享材料，要么彼此邮寄干制的植物标本。就这样，一个博物学家群体从收藏家中产生出来，他们分享自己的发现，发展出了精确的方法来描绘和说明观察到的植物。这些草药学家为博物学添加了对当地植物的许多描述。印刷术的发明使得在博物学书籍中利用插图成为可能，就像在解剖学中那样。除了描述植物结构，文艺复兴时期的博物学家还详细说明了植物的发育和生命周期、生长地、各种用途尤其是医疗用途。有时,他们的描述甚至包括烹饪植物的食谱。

对香料和许多药用植物的渴望促进了对欧洲以外地区,特别是亚洲和美洲新大陆的探险。探险家和医学作家往往从这些遥远的地方带回当时未知的动植物标本。这些标本的异国情调对古典权威构成了挑战。早期的动物博物学大量出自古典文献,但在遥远的地方观察到的生物使之得到了改进。对美洲新大陆动物的早期说明之一,何塞·德·阿科斯塔(José de Acosta,1540—1600)所著的《印度群岛的博物志和道德志》(*Natural and Moral History of the Indies*)便是遵循着亚里士多德的基本格式。然而,当阿科斯塔观察到并不符合亚里士多德体系的生物时,他情愿批评和纠正亚里士多德。阿科斯塔坚持立足于自己的观察进行描述,断言自己的工作是为了荣耀造物主,这一主题将在17世纪的博物学中日益突出。

西班牙国王菲利普二世派医生弗朗西斯科·埃尔南德斯(Francisco Hernández,1517—1587)去新西班牙(墨西哥)报告那里植物的药用价值。埃尔南德斯主要基于本土知识和自己的观察撰写了关于动植物的著作。他的命名法包括了当地纳瓦语(Nahuatl)的名称以及拉丁语和西班牙语的名称。他经常把在美洲新大陆看到的动植物与西班牙已知的动植物相比较。虽然埃尔南德斯的大部分作品和许多插图都丢失了,或是生前尚未发表,但那些成功传到欧洲的信息却被热情地吸收了。

由于文艺复兴时期的博物学家们积累了种类越来越多的植物和动物,如何以某种有意义的方式保持这方面知识的条理性,这个问题变得日益迫切起来,同时也需要为其所描述的大量动植物制定一套连贯的命名法。他们的书籍和蜡叶标本包含的名称来自各种语言,无法为各种生物是否彼此相似提供任何线索。

文艺复兴时期的人文主义者和医学作家所追求的博物学不同于亚里士多德及其弟子塞奥弗拉斯特所从事的那门古老学科。希腊思想家曾把博物学看成自然哲学的一种准备。在他们看来,博物学对植物和动物进行描述,然后自然哲学为之提供解释。与这些古人不同,文艺复兴时期的博物学家试图对生物作出精确描述,而不关心如何把它们纳入一种无所不包的自然哲学。草药学家把研究建立在迪奥斯科里德斯而不是塞奥弗拉斯特著作(后者的著作直到一个世纪后才被文艺复兴时期的博物学家考虑)的基础上,正表明他们强调精确的描述和医疗应用,而不是哲学解释。这样一来,他们便对一门新的自治学科——博物学作出了贡献。

考察文艺复兴时期的博物学可以揭示出学者之间错综复杂的关系、交流知识和标本的各种模式以及以印刷术为代表的技术发展。商业利益,如药物的制备和认证,促使人们建立了与医学教员相关的植物园。一些君主看到对新殖民地的财富和异国情调的描述后,决定赞助博物学家到新大陆进行探险活动。富有的收藏家在相互竞争中设立了所谓的珍品柜,它们往往是组织更为合理的博物馆的前身。

哲学家弗朗西斯·培根(1561—1626)的工作提升了博物学的地位和影响力。培根受过律师和法学的训练,曾任英格兰的大法官,最终被指控受贿而失去该职。他写了大量著作讨论哲学,试图对其进行变革,强调可以用知识来改善人类的生存境况,补偿人类因亚当的堕落而蒙受的知识损失。他实现这些崇高目标的手段涉及对哲学进行总体变革,博物学将在其中发挥核心作用。培根批判亚里士多德的方法,抛弃了文艺复兴时期人文主义者的文学和语言学方法,倡导用归纳法来认识世界。作为这一方案的第一步,他呼吁先收集尽可能多的事实信息。然后,通过逐渐对这些事实进行概括,博物学家能够获得关于世界的越来越广泛和确定的知识。最高的概括阶段将会导出对事物真实本性的确定知识。

培根从未完成他那庞大的计划,即描述这种获得知识的新方法,产出博物学的例子。但其著作启发了随后几代人从事博物学。他那乌托邦式的著作《新大西岛》(*The New Atlantis*,1627)描述了一个致力于按照他的方法共同进行研究的群体。1660年成立的伦敦皇家学会从培根的观点中获得了灵感,把从事贸易志和各种博物志作为自己使命的一部分。早期皇家学会的培根主义者试图在这些志中为世界的每一个方面(无论是人的还是自然的)编目。

从培根去世到1662年英国皇家学会成立这若干年里,大多数博物学家仍然以文艺复兴时期的方式从事博物学。例如,圣公会牧师爱德华·托普塞尔(Edward Topsell,1572—1625)撰写了《四足动物志》(*The Historie of Foure-Footed Beastes*,1607年)和《蛇志》(*The History of Serpents*,1608),其中大量援引格斯纳五卷本的《动物志》(*Historia animalium*)。和格斯纳一样,托普塞尔按照字母顺序列出了动物,包括对神话中和现实中生物的记述。他为所描述的动物赋予了人的道德属性。托普塞尔有明确的宗教目的,他认为,认识动物将使人们更好地理解神的力量。

虽然描述性的博物学在17世纪上半叶并没有太多改变,但是关于从地里挖出的事物的争论却很激烈。耶稣会自然哲学家阿塔

第七章 研究生命：植物、动物和人

那修斯·基歇尔（Athanasius Kircher，1602—1680）声称，遍布整个宇宙的"石化属性"（lapidifying virtue）产生了与生物形状类似的"石化物体"的石性。一种"塑造性的精气"（plastic spirit）为这些物体赋予了特定形状。其他博物学家拒绝接受基歇尔万物有灵论的自然哲学，他们对这些物体之形成的解释有很大不同。

尼尔斯·斯坦森（Niels Stensen，1638—1686）更为人所熟知的是他的拉丁化名字斯蒂诺（Steno），他提出化石是因海底沉积物的堆累而陷在地层中的生物遗骸。但作为一个笃信宗教的人，和大多数同时代人一样（他由新教皈依天主教，积极劝人改变宗教信仰，最终成为一个主教），他依照短暂的圣经时间尺度，认为地球的年龄约为 6000 年，因此意识到其化石理论的含义是令人不安的。对于斯蒂诺等 17 世纪的许多人来说，一些化石的发现地——比如嵌入高山岩层中的贝壳——也被证明具有挑战性。对于这些令人不安的事实的一个常见解释是，诺亚的大洪水把这些贝壳沉积在了奇怪的位置上。

斯蒂诺关于化石起源于生物的理论受到了胡克等皇家学会会员的热烈欢迎，这很大程度上是因为该理论似乎表明了物质微粒理论的力量。随着化石的生物起源被越来越多的人所接受，预设了《圣经》创世记述的胡克等人面临着两条难以解释的事实。有些化石似乎不同于现存的任何已知物种。这引出了物种灭绝的可能性，而这种可能性又违背了当时广泛的看法，即自创世以来，现有一切物种始终是一成不变的。海洋生物化石分布在高山岩层中，这也引出了有关地球历史的一些问题，在接下来的 150 年中，这些问题将使博物学家和哲学家们困惑不已。

海狸

在《四足动物志》(1607)中，爱德华·托普塞尔复制了格斯纳《动物志》中的插图，并且修改了格斯纳对动物的描述。在与这种海狸象征形象相伴随的文本中，托普塞尔驳斥了有关咬掉自己睾丸以摆脱猎人追赶的海狸的古代民间传说：

海狸的例子教给我们，把我们的钱而不是生命交给窃贼，用我们的财富来补偿危险，因为海狸经常以这种方式逃生。人们已经发现了许多失去睾丸的海狸，这增强了这一谬论的说服力。然而在古代，这仅被当做一种寓言来讲述。然而，对于一切哲学中诸如此类的忠实论述，优秀的研究者和教授唯一应当关注的必须是事实，而不能是传说。在传说中，古人犯了严重的错误……这种毒药也悄悄潜入进来，败坏了整个宗教。古埃及人如果想说某人自残，便会画一幅海狸咬掉自己睾丸的图来指代。但这是一种莫大的错误……首先，由于海狸的睾丸非常小，在身体上生长的位置与公猪相似，因此它们不可能碰到或接触到自己的睾丸。其次，海狸的睾丸紧贴背部，如果咬掉睾丸，海狸必定会丧命。因此关于海狸的另一种说法也非常荒唐，这一传说声称，海狸在受到追捕时(之前它已经咬掉了自己的睾丸)会直立起来，向猎人显示自己根本没有睾丸，因此要它的命对猎人没什么好处。这样，猎人就会改道去寻找下一只海狸。

接着，托普塞尔讨论了海狸身体各部分的用处，例如皮肤和骨骼。

■图见 Edward Topsell, *The Historie of Foure-Footed Beastes* (London, 1607).

第七章 研究生命:植物、动物和人

在因为不同于一切现有生物而引起争议的那些化石中,菊石扮演着重要角色。菊石是一种已经灭绝的头足类动物的遗体化石,这种头足类动物与现代的章鱼、鱿鱼和鹦鹉螺存在亲缘关系。因为这类生物不像任何现存生物,所以它们成了近代早期博物学争论的焦点。尽管医生兼博物学家马丁·李斯特(Martin Lister,1639—1712)乐于接受斯蒂诺的主张,即这些来自意大利的化石源于生物,但他否认菊石是动物的遗体,因为他在化石中找不到贝壳的痕迹。此外,不同种类的化石分布在不同类型的岩石中似乎也反驳了胡克的看法,即海洋形成了贝壳,因为那样一来,同样种类的化石应当出现在各处。在与李斯特的辩论中,胡克乐于承认菊石已经灭绝了,但他认为,每一种灭绝的生物都被另一种所取代,从而维护了上帝创造的完满性。

关于菊石等化石的性质和来源的争论持续了数十年。我们应当指出,争论的思辨倾向并非仅限于拥护自然神学的思想家,启蒙哲学家的楷模伏尔泰就拒绝接受化石的生物起源,因为化石指向了地球历史中的深刻变化,而他认为在一个稳定的牛顿宇宙中,这种变化是不可能的。因此他认为,山顶上发现的贝壳是在十字军东征凯旋时从他们的帽子上落下来的,菊石则是石化的蛇。

17世纪下半叶英格兰最著名的博物学家约翰·雷(John Ray,1627—1705)写了大量著作描述了英伦三岛的植物以及鸟类和鱼类。他的作品反映了博物学的传统方法,而且是基于对其标本的仔细观察。他在古典语言和希伯来语方面的强大背景使他有能力从事复杂的语言学活动,这正是其前辈撰写博物学著作的特征。然而,对动植物名称的考虑仅仅是他基于仔细观察进行描述的开始。他确定了发现标本的地点,并对它们作了极为细致的描述。

140 约翰·雷并没有提出一种关于植物分类的完整方案,但描述了一种将植物分为诸如树木、灌木和草本植物等一般类别的方法。他又基于植物产生的果实、花或种子类型等标准将这些类别进一步细分。在各种不同著作中,他以字母顺序对植物进行排列。一些博物学家的确试图按照理性框架对生物进行分类,但直到林奈(Carolus Linnaeus,1707—1778)在《自然体系》(Systema naturae)中建立了现代分类的基础,分类和命名的问题才得以解决。这部著作在林奈生前曾多次再版。

在约翰·雷看来,博物学中渗透着宗教含义。《圣经》的创世记述构成了他的研究背景。自然神学为其观点提供了基础,即现存的所有动植物自创世以来就一直存在,由于上帝在第七天休息了,造物的样式不可能发生改变。约翰·雷的确意识到存在着一些反常。他曾经种过一些花椰菜种子,注意到有些种子只长出了卷心菜。他把这种明显的变化解释成堕落的一个例子,类似于亚当在伊甸园的堕落,还把化石分布在山顶上这个令人烦恼的问题归因于诺亚洪水。约翰·雷认为博物学本质上是一种崇拜活动。他在非常有影响的著作《造物中展示的神的智慧》(*The Wisdom of God Manifested in the Works of the Creation*,1691)中主张,研究自然界能够揭示上帝的善、力量和智慧。当时其他许多博物学家和自然哲学家都持有类似的看法。自然神学,即试图通过研究自然界来认识上帝,是 17 世纪末思想的一个显著特征。

挑战盖伦:解剖学与生理学

博物学本质上是一种描述性的活动,而不回答有关身体功能特别是人体功能的其他问题。医学研究者们通常在医学院研究这些问题。维萨留斯做出那些解剖学工作之后,人们开始挑战盖伦对心血管系统的说明。雷阿尔多·科伦布(Realdo Colombo,1510—1559)曾担任维萨留斯的助手,继维萨留斯之后接任帕多瓦大学外科与解剖学教席。科伦布虽然基本持盖伦派观点,但因主张肺循环而对心血管系统的说明作了重要修改。这一观念是由来自大马士革、并成为埃及首席医师的伊本·纳菲斯(Ibn al-Nafis,1213—1288,)最先提出的,它可能是在与地中海东部进行贸易的过程中传到了意大利。

根据科伦布的说法,血液从静脉系统先经肺部再经由心脏流入动脉系统。他认为,从静脉系统流出的血液经肺动脉流入肺部,在那里被稀释。然后,肺静脉把这些稀释的血液输入左心房,并从那里流入左心室。他观察到尸体的肺静脉内总是充满了血液而不是精气。他指出心脏瓣膜保证了血液的单向流动,从而支持了肺循环这一观念:心脏收缩时,瓣膜阻止血液沿着来时的路径流回去。他进一步指出,心脏不能形成新的血液,从而排除了血液的潮涨潮落,并以肺循环部分取代了这一机制。

在帕多瓦的下一代医学思想家中,法布里修斯(Fabricius of Aquapendente,1537—1619)继续从事其前任开创的解剖学工作。他与科伦布一样对生理学基本持盖伦派的理解,但他作出的解剖学发现最终将破坏这一传统。法布里修斯最引人注目的成就是发现静脉中含有仅向心脏打开的瓣膜,从而确保静脉血总是朝着心脏流动。他认为静脉血的单向流动阻止了血液积聚在下半身,从而可能导致永久性的手脚肿胀,以及上半身营养不良。他声称动脉中没有瓣膜,因为动脉血持续的潮涨潮落消除了静脉中如果没有瓣膜可能发生的危险。尽管法布里修斯发现了静脉中的瓣膜,似乎破坏了盖伦对心血管系统的说明,但他并未给出似乎显然的结论。

这一挑战来自法布里修斯在帕多瓦的学生——英国人威廉·哈维(William Harvey,1578—1659)。哈维后来成为英国国王查理一世的私人医生,他在反驳盖伦关于心血管系统的说明方面迈出了戏剧性的最后一步。哈维充分吸收了最新的发现,作了认真的观察和实验,证明人体中存在血液循环。他在《心血运动论》(*Exercitatio anatomica de motu cordis et sanguinis in animalibus*,1628)中发表了自己的方法和结果。

哈维在论著开篇便证明盖伦对血管系统的说明不可能正确。他接受了肺循环这一事实,并为那些业已确立的事实补充了一些有力证据。左右心室的结构相似性暗示它们有类似的功能。他还注意到,肺静脉和肺动脉总是充满血液,而不像盖伦所声称的那样充满着空气、精气或乌黑的废物。仔细检查膈膜后没有发现孔洞。他的结论是,肺循环的证据是确凿的。

接着,哈维面临着血液如何流经身体其他部位的问题。通过观察心脏的运动,他说心脏在收缩时起作用,此时血液从心脏涌出。哈维测量了一次涌出的血液量,并把这个量乘以心脏一分钟之内的跳动次数,声称消化的食物不可能产生流经心脏的血液量。

出于这个原因,他提出体内不断循环着相同数量的血液。他用活的动物做了一些简单的实验,以证明这种血液的单向流动。如果把腔静脉结扎起来,结扎线与心脏之间的那部分腔静脉将会迅速排空血液;如果把主动脉结扎起来,则结扎线与心脏之间的那部分腔静脉将会随着血液膨胀。接着,他把四肢中的血管结扎起来做了一系列实验。当他用一根非常紧的结扎线结扎动脉时,血液流回心脏附近,但四肢变得冰冷。因此,心脏把血液排入动脉,再由动脉流向四肢。当他用一根较松的结扎线结扎静脉(它距离体表较近)而不是动脉时,四肢仍然充满了血,但结扎线与心脏之间的静脉中的血液被排空。

静脉中的瓣膜使血液只能朝心脏单向流动,加之结扎线实验所揭示的事实,这些都使他推断,流经静脉的血液持续不断地流回心脏。因此,血液总是以 8 字形流经整个身体:心脏把血液排入主动脉,血液从那里流入动脉系统中较小的血管;再流入静脉,经腔静脉回到心脏;接着,右心室把血液排入肺动脉,血液从那里流经肺,再经由肺静脉回到心脏,流入左心室,从左心室再次被排入主动脉。

一个令人困扰的问题依然存在:血液如何从动脉进入静脉?和盖伦一样,哈维也需要假定两部分血管系统之间的某种连接。他假设动脉末端存在着微小的血管,即他所谓的"孔隙"(*anastomoses*,盖伦用这个词来表示膈膜中假想的孔隙),血液正是经由它们从动脉系统传到了静脉系统。哈维并未观察到这些"连接"。在下一代人中,马切罗·马尔皮基(Marcello Malpighi,1628—1694)用新发明的显微镜发现了肺部组织中的毛细血管,从而确证了哈维关于动脉与静脉之间存在直接连接的假说。

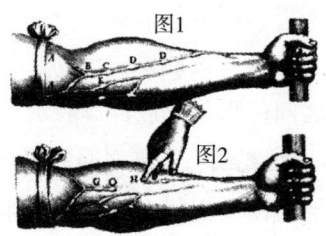
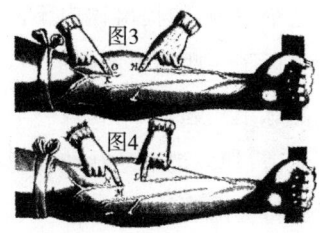

威廉·哈维的结扎线实验

在图 1 中,结扎线扎住了手臂的静脉。A 到 E 标记的是静脉瓣膜阻止血液从手臂流回到手上的位置。在图 2 中,哈维用手指挡住了血液的向上流动,使瓣膜上方的静脉扩张,并阻止血液流回手臂。在图 3 中哈维表明,如果在 H 点击打静脉,导致血液通过瓣膜向上流动,然后在 O 点压住静脉,则 O 上方的血管将排空血液,血液继续从 O 上方的静脉流向心脏。图 4 的结果与之类似。哈维推断说,静脉瓣膜确保静脉血能够单向流入心脏。

■ 图见 William Harvey, *De motu cordis* (London, 1628).

哈维在建立血液循环理论时显著地修正了盖伦的生理学,并且拒绝了盖伦的结论(如果不是拒绝其方法的话)。但这种对心血管系统的新的认识引出了许多新问题。比如,血液为何流经肺部?17 世纪 60 年代,几位英国自然哲学家,也是皇家学会的早期成员,为解决这一问题进行了实验。罗伯特·波义耳用空气泵做实验,证明空气对于维持动物生命是必不可少的。他把小动物放入空气泵的容器,抽出空气后动物就死了。理查德·洛厄(Richard Lower, 1631—1691)用活狗表明,使狗存活的并非与呼吸有关的运动,而是空气流经肺部。该实验用一个风箱把空气不断压入肺部,从而使狗的胸腔一直充满空气。只要空气持续流经肺部,即便肺不扩张和收缩,狗也能维持生命。进一步的实验表明,如果暴露在空气中,动脉血会变成鲜红色,静脉血则会变成暗红色。这些观察引起了关于空气中是什么成分在维持生命并使血液变色的一系列推测。

虽然哈维及其追随者的工作使盖伦关于心血管系统的说明得到全面修正,但他们的结论并非导致盖伦生理学灭亡的决定性因素。采纳了机械论哲学的医学思想家们把盖伦的主要因果机制——吸引——斥之为一种他们试图从自然哲学中消除的超距作用。此外,盖伦声称肝脏、心脏和大脑等主要器官都拥有活动能力,分别负责不同类型的精气,这种说法并不符合关于自然运作的新的机械论观点。

辅以实验的仔细观察是这些医学家从事研究的特征。如果说维萨留斯是为了纠正盖伦的错误而开始了自己的解剖学工作,那么他的工作加速了盖伦关于心血管系统的说明的瓦解。在这些发展中带有某种讽刺意味,因为盖伦本人是一位敏锐的观察者,他在人体解剖方面所犯的错误至少部分源于缺少人的尸体。此外,这些17世纪的医学思想家保留了盖伦关于形式服从功能的目的论假设。

为物质赋予生气:动物和人的灵魂

生物研究加剧了一个至少自亚里士多德时代以来哲学家就一直关切的问题:人与动物有何区别?基督教思想家宣称,只有人拥有不朽的灵魂。人的灵魂不朽在文艺复兴时期仍然是一个备受关注的焦点,这特别是为了回应亚里士多德主义哲学家彼得罗·彭波那齐(Pietro Pompanazzi,1462—1525)的观点,他认为人的灵魂是物质的和有朽的。机械论哲学的兴起引出了唯物论的幽灵,从而使这个问题变得更加迫切。唯物论认为只有物质存在,包括人类灵魂在内的世间万物都是物质性的。意识到这种危险,几乎所有机械论哲学家都主张人的灵魂是非物质的和不朽的。他们运用传统策略对人的灵魂和动物灵魂进行比较,以确定哪些特征是人所独有的。机械论哲学家运用非物质的、不朽的灵魂来规定机械论的限度。他们并不认为机械论解释涵盖了世上的一切事物。

与把《论灵魂》列入自然学著作的亚里士多德类似,伽桑狄和笛卡儿都在其自然哲学著作中包括了对灵魂的讨论,这一重要迹象表明,即使在新的机械论哲学背景之下,某些亚里士多德主义学科范畴仍然在徘徊。伽桑狄声称,人拥有两个灵魂,一个是物质的灵魂,一个是非物质的、不朽的灵魂。物质灵魂动物也具备,由极其微小、非常活跃的原子所构成。它渗透于身体各处,产生了有机体的生命力。死亡的时候,它像烟一样消散于空气中。只有人拥有非物质的、不朽的灵魂。伽桑狄指出,人与动物不同,人能够进行自我反思和抽象思维,从而主张这种独特的人的灵魂存在着。他说,动物可以识别共相,就像狗可以分辨出另一只靠近的动物是狗还是人。但狗与人不同,狗无法沉思普遍性质。伽桑狄认为,这种自我反思只能是某种非物质的东西的属性。他运用当时常用的论证声称,不朽性源于非物质性,因为非物质的东西不能分割,因此不会毁灭。

笛卡儿还声称,人与动物有一个根本区别。他著名的基础性论点"我思故我在"表面上确立了一种非物质的心灵或灵魂——思维的发动者——的存在。他认为,动物只不过是物质性的自动机,

第七章 研究生命：植物、动物和人

它们不具备知觉甚或感觉。狗在被踢到时所展示的运动——似乎表明狗感到疼痛——只是狗的神经中流体的运动所引起的反射行为。与人不同，狗甚至没有能力感觉到疼痛，更不要说去思考。

波义耳写了许多论著来证明一个智慧的、仁慈的上帝的存在，上帝把自己的目的赋予了宇宙。作为避免唯物论危险的努力的一部分，波义耳声称，在每个人的生命发展过程中，上帝把一种非物质的不朽灵魂注入胎儿之中。而上帝不会以这种方式奇迹般地干预动物的生命。

对于这些机械论哲学家来说，可以用人和动物的差异来标志物质世界与精神世界的边界。与这些 17 世纪的思想家形成鲜明的对比，今天的哲学家们试图与机器—计算机比照来定义人。这种转变当然标志着人的自尊的降低。

许多不同线条组成了近代早期欧洲生物研究的织体。药用植物学、探索新大陆、人文主义重新恢复古代文本，以及观察和实验方法的发展都发挥了重要作用。对生物知识的追求与当时的关注有关，特别是医学和神学。虽然这些研究获得了地位和重要性，但各种活动并没有在单一的学科标题下统一起来。"生物学"一词和它所表示的观念——对一般生命体的研究——直到 19 世纪才出现。

第八章　重新思考宇宙：牛顿论引力与上帝

17世纪自然哲学、数学和天文学的许多发展在牛顿的工作中达到了顶峰。牛顿在关于自然哲学的主要著作《自然哲学的数学原理》(*Philosophiae naturalis principia mathematica*, 1687) 和《光学》(*Opticks*, 1704) 中提出了解决物理学问题的新方法。他在物理学、宇宙论和数学上的惊人贡献成为后来几代自然哲学家的典范，并为他们设定了研究日程。不仅他的物理学为哥白尼时代以来一直悬而未决的问题提供了答案，而且他的著作也代表着学科界限的重大转变。其自然哲学工作核心处的力的概念，使他能够实现机械论哲学家追求的目标——用物质和运动来解释自然现象。同时，他对力的概念的使用使自然哲学发生了根本变革。

牛顿的兴趣很广，远远超出了他在运动、光和数学方面的工作。他花了很多年沉浸在神学和炼金术研究之中。虽然他在这些领域几乎没有出版什么著作，但其浩繁的手稿无可辩驳地证明他始终关注这些问题。牛顿去世时，其论文和手稿由他的半亲外甥女凯瑟琳·巴顿·康迪特 (Catherine Barton Conduitt, 1689—1744) 保管，后者嫁给了牛顿最早的传记作家之一约翰·康迪特 (John Conduitt)。

后来成为皇家内科医师学会会长的医生托马斯·佩勒特

(Thomas Pellet,1689—1744)和其他几位与牛顿亲近的人考察了这些文稿,以决定哪些适合出版。佩勒特非但没有立即出版《古代王国修订年表》(The Chronology of Ancient Kingdoms, Amended,1728),一部旨在证明希伯来文明优越性的关于古代帝国的著作,而且给大部分手稿——特别是那些关于炼金术和泄露牛顿异端神学的手稿——作了"不适合出版"的标记。这些文稿最终落入了他的亲戚们手中,在那里被冷落了近200年。最后,这个家族于19世纪70年代把所有文稿交给了剑桥大学,即现在所谓的"朴茨茅斯收藏"(Portsmouth Collection),但剑桥大学把炼金术和神学文稿还给了这个家族。

1936年,该家族在由伦敦苏富比拍卖行举行的一次拍卖会上出售了其余的文稿,即包括牛顿大部分神学和炼金术手稿的那些"不适合出版"的文稿。虽然这次出售使文稿广为散布,但约翰·梅纳德·凯恩斯(John Maynard Keynes)成功地获得了其中的三分之一到二分之一,并把它们留给了剑桥国王学院的图书馆。巴勒斯坦的犹太人、重要的阿拉伯学者亚伯拉罕·S.亚胡达(Abraham S.Yahuda)在苏富比拍卖会上获得了大部分神学文稿。由于一直未能成功说服美国的几所大学图书馆接受这些手稿,他决定把这批收藏留给耶路撒冷的国家图书馆。结果,直到20世纪中叶以后,学者们才接触到了牛顿思想的方方面面。

自然哲学的数学化:万有引力概念

接触到牛顿手稿之后,历史学家能够深刻追溯牛顿思想的发展,仅仅考察其业已出版的著作是不可能达到这种深度的。牛顿的名声主要源于他的数学、光学和万有引力理论,后者回答了哥白尼天文学所引出的两个遗留问题:是什么把行星维持在轨道上?是否存在一种物理学能够同时适用于天和地?牛顿对这些问题的回答源于他在本科期间就已经开始的工作,当时他考虑了关于物质、重力和碰撞等问题。在了解了伽利略、笛卡儿和惠更斯等前人关于运动的工作之后,牛顿渐渐认识到,一门基于惯性原理的运动科学需要一种力的概念。

1666年爆发了一场瘟疫,剑桥大学被迫停课,牛顿回到了两度丧偶的母亲的农场。此时牛顿问自己,使地球表面附近重物下落——如苹果从树上落下——的重力是否一直延伸到月亮?利用他本人对圆周运动的分析,牛顿意识到,要想把月球维持在稳定轨道上,必须有一个力把它拉向地球,这个力的大小等于使月球飞离的离心力,但方向相反。牛顿用"向心力"一词来命名这种吸引力,并推测这个重力与地月之间距离的平方成反比。对开普勒定律特别是第三定律的认识在牛顿的计算中起了核心作用。然而,由于关于月球轨道尺寸的数据是错误的,牛顿的计算没有成功,因此也未能证明关于重力的假设。此时,他把计算搁在一边。在讨论运动的早期手稿中,牛顿仅把力的概念当做一种度量物体偏离惯性运动的数学表达,并没有指出它向机械论哲学提出的深层问题。

在离开剑桥的这大约18个月里,牛顿还提出了关于光和颜色的思想。牛顿的物理学成就依赖于他发明的微积分,或者他所谓的"流数法"。他在这段时期也获得了重要的数学洞见,但当时没有发表。其流数法在《原理》的命题证明中起了关键作用,尽管他把新方法掩藏在欧几里得几何学的烟幕背后。运用流数法等理论,牛顿推导出了引起轨道运动的力,计算了开普勒第二定律所要求的面积。难怪历史学家们把这一时期称为牛顿的"奇迹年"(annus mirabilis)。

在母亲的农场度过 18 个月后,牛顿回到了剑桥,获得了三一学院的一笔奖学金。他在 17 世纪 60 年代末记录了关于光和颜色的实验,并把论文寄给了皇家学会的通信秘书亨利·奥尔登堡(Henry Oldenburg,1619—1677),后者在 1672 年的《皇家学会哲学汇刊》中发表了这篇论文。这篇论文所引起的争论使牛顿对公开自己的工作不再感兴趣。罗伯特·胡克不仅拒绝接受他对白光的分析,而且重新诉诸颜色源于白光的改变这一传统理论,这尤其令他恼火。在接下来的 10 年里,牛顿致力于数学、神学和炼金术研究,没有与皇家学会交流信息。

奥尔登堡去世之后,胡克成为皇家学会的通讯秘书。他写信给牛顿,试图恢复牛顿与皇家学会的通信。两人简要交流了物体做轨道运动的问题。胡克在一封信中提出,吸引物体做轨道运动的中心力与两者之间的距离成反比,但未能提供证明。通信中断后,牛顿证明,要想让物体沿着以吸引体为一个焦点的椭圆轨道运动,引力就必须与物体之间距离的平方成反比。但他当时并未发表这一平方反比律。胡克后来指控牛顿剽窃这一成果,但鉴于胡克的数学知识不足,这一指控是不成立的。

1684 年,年轻的天文学家爱德蒙·哈雷(Edmond Halley,1656—1742)访问了牛顿,这次访问促使牛顿给出了关于轨道运动

想法的数学细节。他的一位早期传记作者这样写道:

> 1684年,哈雷博士来剑桥看望他,见面之后不久,博士问他,假定行星朝向太阳的引力与它们之间距离的平方成反比,他认为曲线将是什么样的。艾萨克爵士立即回答那将是一个椭圆,博士惊喜地问他是怎么知道的,他说曾经计算过,于是哈雷博士立刻提出要看看他的计算,艾萨克爵士在他的手稿中搜寻了一会,但没有找到,不过答应他会重新作计算,然后寄给他。①

牛顿尝试恢复这些计算,并为其奠定牢固的基础,这使他撰写了《自然哲学的数学原理》。这部著作是自哥白尼时代以来天文学和物理学发展的顶峰。它建立在力的概念的基础之上。牛顿写道:"[自然]哲学的基本问题似乎是从运动现象中发现自然力,再从这些力证明其他现象。"②这一格言可以从《原理》的结构中反映出来。在第一卷和第二卷,牛顿考察了几种不同吸引力的数学特征,特别关注那种与相互吸引的物体之间距离的平方成反比的力。在第三卷,他用行星服从开普勒定律这一事实证明,重力吸引的确

---

① Abraham de Moivre, "Memorandum of 1727," in *Early Biographies of Isaac Newton:1660–1885*, ed.Rob Iliffe, Milo Keynes, and Rebekah Higgitt, 2 vols.(London: Pickering, 2006), 1:124–125.

② Isaac Newton, *The Principia*, trans.I.Bernard Cohen and Anne Whitman, assisted by Julia Budenz (Berkeley and Los Angeles: University of California Press, 1999), p.382.

第八章　重新思考宇宙：牛顿论引力与上帝

是这样一种力。然后,他表明宇宙万物之间有一种万有引力,因为这种万有引力可以解释其他理论无法解释的几种现象。

牛顿在《原理》第一卷的开篇阐明了三条运动定律：

> 定律1：每个物体都保持其静止或匀速直线运动状态,除非有施加的力(impressed forces)迫使其改变这种状态。
>
> 定律2：运动的变化正比于所施加的驱动力(motive force impressed),并且沿着施加这个力的直线方向发生。
>
> 定律3：每一个作用都有一个相等的反作用；换句话说,两个物体彼此之间施加的作用总是大小相等,方向相反。①

这三条定律定义了牛顿在《原理》中所说的"力"是什么意思,并为随后的所有证明提供了基础。

《原理》第一卷的大部分内容都在对各种吸引力作数学探索。牛顿证明,如果物体沿着圆锥截线围绕一个中心力运转,那么这个力必定与中心力源和做轨道运动的物体之间距离的平方成反比。相反,如果有一个向心力与两个物体之间距离的平方成反比,则做轨道运动的物体必定沿着一条圆锥截线运动。换句话说,规定行星沿着以太阳为一个焦点的椭圆轨道运动的开普勒定律,要求太阳与行星之间存在着一个服从平方反比律的中心力。

---

① Isaac Newton, *The Principia*, trans. I. Bernard Cohen and Anne Whitman, assisted by Julia Budenz (Berkeley and Los Angeles: University of California Press, 1999), pp.416–417.

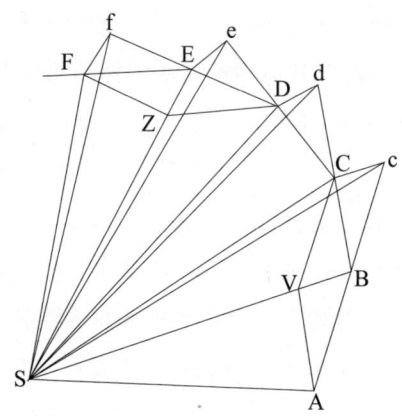

牛顿证明平方反比律的示意图

牛顿证明平方反比律的方法是考虑在轨道个别点上作用于物体的力。在从 A 至 F 的每一点上，牛顿分析了使物体偏离与轨道相切的直线惯性运动的力。为了精确确定轨道形状，他考虑这些点的间隔越来越小，直到完全消失。最终的计算表明，一种平方反比的力将会产生一个椭圆轨道。

■ 图见 Isaac Newton, *Philosophiae principia mathematica naturalis* (London: The Royal Society, 1687), p.37.

在《原理》第一卷的证明中，牛顿使用了诸如"消失的量"(vanishing quantities)和无限求和等概念，表明他在推理中的确运用了流数理论（即微积分）。然而，由于这个新的数学分支缺乏基础，似乎违背了直觉，他以古代的传统几何证明形式作了推理。牛顿自认为正在恢复一种古代智慧(*prisca sapientia*)，在他看来，古代的方法优于其同时代人的那些方法。其他自然哲学家和一些数学家批评他的流数理论允许了一些似乎不可能的东西，比如让某种东西变成了无，以及声称找到了无穷级数的有限和等。随着对新数学的信心不断增长，以后几代牛顿主义者都把他的数学改造成

第八章 重新思考宇宙：牛顿论引力与上帝

一种明确使用微积分的代数分析形式。虽然事实证明，微积分是一种非常有用的数学工具，数学家们在18世纪广泛发展了它的方法，但这门重要的数学分支的严格基础直到19世纪末、20世纪初才建立起来。

除了轨道运动，牛顿还证明，根据平方反比律，巨大物体（如地球）表面附近的物体将会服从伽利略的落体定律。换句话说，牛顿证明，行星的运动和地球表面附近的物体的行为为同一种万有引力所支配。在这里，他沿着背离亚里士多德宇宙论的方向迈出了最后一步：他表明，地界和天界服从同样的物理定律，从而最终消除了这一区分，确立了自然的空间均匀性。

在《原理》第二卷中，牛顿继续进行数学分析，考察了通过流体介质的物体运动。他表明，由于介质的阻力，在流体介质中做轨道运动的物体会迅速减慢和停止。这一证明驳斥了笛卡儿的涡旋理论，后者是自然哲学家用来解释行星运动的唯一不同机制。牛顿宣布："涡旋假说面临许多困难。"[①]

在第三卷中，牛顿为其数学分析补充了经验数据。从行星、太阳、月亮和木星卫星都服从开普勒定律这一事实出发，他证明必定存在着一种相互吸引的力，它与每颗行星和太阳之间距离的平方成反比，也与每颗卫星和行星之间距离的平方成反比。从太阳系外推，他声称存在着一种万有引力使宇宙中的每一个物体都吸引

[①] Isaac Newton, *The Principia*, trans. I. Bernard Cohen and Anne Whitman, assisted by Julia Budenz (Berkeley and Los Angeles: University of California Press, 1999), p.939.

其他每一个物体,这种引力的大小与物体之间距离的平方成反比,与物体质量的乘积成正比,表示为:

$$F \propto Mm/r^2$$

其中 M 和 m 是这两个物体的质量,r 是它们之间的距离。

万有引力定律回答了日心天文学引出的两个悬而未决的问题:是什么把行星维持在轨道上?天界物理学和地界物理学如何能够统一?牛顿的万有引力理论成功地回答了这些问题,完成了哥白尼发起的革命。

在表明存在着支配太阳与行星之间关系的万有引力之后,牛顿用这种力解释了四种迄今无法解释的现象:潮汐的涨落、月球运动的变化、岁差以及彗星的运动。在此之前,这些现象一直很难得到解释,尽管这个世纪的一些最优秀的头脑都曾做过努力。通过表明万有引力理论能够解释这些现象(这些现象对于提出万有引力理论并没有起作用),牛顿进一步证明了自己理论的合理性。万有引力理论为后来的物理学家和天文学家解决物理学和宇宙学问题提供了一种强大的工具。

《原理》之所以重要,不仅是因为牛顿在物理学和宇宙学方面的惊人贡献,而且也因为它对学科分类的影响。请记住,在传统的亚里士多德分类中,数学和物理学是不同的学科,它们分别基于不同的原理,遵循着不同的方法。在亚里士多德主义的语境下,牛顿著作的标题——"自然哲学的数学原理"——听起来像是矛盾的。然而,此标题并非表达了矛盾,而是大胆地表明了在过去 150 年间学科界限发生的变化。在接下来的两个世纪中，《原理》的方法和结构充当了自然哲学家在许多领域效法的典范。

解释现象：物质和吸引问题

牛顿的卓越成就以及学科的重新分类都基于他的力的概念。但力的概念似乎违背了机械论哲学的基本原理，即消除世界中的所有超距作用。是什么使牛顿阐述了这样一种概念？他如何来解决它所提出的问题呢？

17世纪60年代初，在剑桥大学三一学院上本科的牛顿广泛阅读了17世纪自然哲学的主要著作。这一时期的一个笔记本显示了他对伽桑狄、笛卡儿、霍布斯、波义耳等同时代自然哲学家著作的了解。牛顿拒绝接受当时仍在大学课程中讲授的亚里士多德主义，赞同新的机械论哲学。他认为所有自然现象都可以仅仅通过物质和运动来解释，并着手确定哪个版本的机械论哲学更好，是笛卡儿的还是伽桑狄的。在题为"论原初物质"的笔记本第一节中，牛顿分别考察了他们的物质理论，并且选择了一种类似于伽桑狄的原子论，然后讨论了广泛的主题，如运动、位置、密度、颜色、潮汐、重力、磁力、电力等，所有这些都需要在某种自然哲学内部作出解释。无论是哪一种情形，牛顿都以其敏锐的物理直觉和机械论自然观设计出思想实验，对各种机械论解释作出潜在的经验检验。

例如，牛顿考虑了对重力的机械论解释，这一解释偏离了视重力为重物固有属性的亚里士多德主义传统。笛卡儿曾经试图解释重力，他声称，与充斥于所有空间的精细物质相比，涡旋中有一些物体离心倾向较小，因此在围绕地球的涡旋中，物体会倾向于朝中心靠拢，从而显示出重量。伽桑狄通过磁引力线所附的钩子来解释重力，并把这些线设想成物理的。这两种解释都只用了机械论术语，但牛顿都没有接受。之所以拒斥第一种解释，是因为牛顿不同意所有空间都充满了精细物质，拒斥第二种解释，是因为它意味着重力与物体的表面积成正比，而事实上，它与物体中物质的量成正比。

在本科毕业之后的大约15年间，牛顿试图提出一种仍然能够满足机械论哲学要求的自然哲学。这种要求是：一切现象都是由物质和运动引起的；物质是惰性的；超距作用不存在。然而，某些现象似乎很难用纯粹的机械论术语作出解释，牛顿在学生时代的笔记本中就已经对它们作了思考。17世纪60年代初，重力、磁力、光的反射和折射、毛细作用、表面张力、空气的膨胀和收缩、物体的内聚力以及某些化学现象都是他认真思考的对象，这些现象终生困扰着他。由于难以对其作出机械论解释，他最终对机械论哲学做了彻底修正。

牛顿在17世纪70年代中期写了两篇论文，试图用严格的机械论原理解释各种现象。他求助于一种以太介质，构造了猜测性的不可见机制来解释现象，构成这种介质的微粒与空气微粒类似，但更为稀薄、精细和富有弹性。牛顿用这种以太来解释电吸引、重力、物体的内聚力、感官知觉、动物运动、热以及光学现象。例如，他对重力的解释是，以太朝地球的下降把物体带了下来。由于以太在普通物质密度最小的地方最稠密，在密度最大的地方最稀薄，因此不同折射率的介质之间存在着以太梯度。当光从一种介质传到另一种介质时，这种梯度引起了光的反射和折射。以太梯度也

第八章 重新思考宇宙：牛顿论引力与上帝

解释了为何难以把两块玻璃压在一起。当两个物体彼此接近时，它们之间的以太必定会被稀释，而稀释以太需要用力。由于以太，物体有一种"彼此后退的倾向"。① 出于同样的原因，苍蝇可以在水上行走而不弄湿足，一堆灰尘即使被紧紧压实也不会聚合。

能够溶于水的物体之所以会溶解，是因为水的微粒进入了物体的孔洞，使物体微粒各个侧面所受的以太压力相等，从而使之松动。但并非所有物体都能溶于水。比如水不能进入金属孔洞使之溶解。这"不是因为水由过于粗大的部分所构成，而是因为它不与金属亲和。因为自然中存在着某种秘密的原则，它使酒与一些事物亲和，与另一些事物不亲和"。② 这种关于亲和性的"秘密原则"解决了牛顿已经注意到的特异性问题：磁吸引铁但不吸引铜；水能渗透于木，但不能渗透于金属；汞能渗透于金属，但不能渗透于木；硝酸能溶解银，但不能溶解金；王水（盐酸和硝酸的混合物）能溶解金，但不能溶解银。这种亲和性原则也使他能够解释其他困难的现象。谈及亲和性或许增强了其自然哲学的力量，但也标志着他与正统机械论哲学家的重大偏离。正统机械论哲学家坚持认为物质是被动的，不可能有超距作用。赋予物质以亲和性和非亲和性预设了物质有某种固有的能动性，而这正是机械论哲学家力图从自然界中消除的东西。

牛顿试图用纯粹的机械论属性虚构一种以太，这种努力在1679年前后酿成了一场危机。在一份题为"论空气和以太"（De aere et

---

① Newton to Robert Boyle, 28 February 1679, in *The Correspondence of Robert Boyle*, ed. Michael Hunter, Antonio Clericuzio, and Lawrence M. Principe, 6 vols. (London: Pickering and Chatto, 2001), 5: 144.

② Ibid., p.145.

aethere)的未完成手稿的开篇,他描述了空气的属性:"在空气的各种属性中,能够极度稀释和凝聚是非常显著的。"① 他把这些属性归因于空气和其他物体的微粒可以超距地相互排斥。在接下来几页,他用空气的这些属性对各种物理和化学现象作出了解释。空气微粒的相互排斥是超距作用的一个例子,需要作机械论解释。他希望通过某种以太机制来解释空气和粗大物质微粒之间的这种排斥。

牛顿在论以太一节的开始就断言存在着一种以太,这种以太是由与空气微粒相同类型的物质微粒构成的:"正如把地球物体粉碎成小微粒可以将其转变成空气,所以如果通过某种剧烈活动把这些微粒粉碎成更小的微粒,就可以将其转变成更为精细的空气,如果它精细得足以穿透玻璃、水晶以及其他地球物体的孔洞,我们也许可以称之为空气的精气,或以太。"② 牛顿然后用这种精细的机械以太解释了磁力和静电。这篇论文在一句话中间戛然而止。牛顿必定突然意识到自己正在作一个无穷倒退。如果以太是由与空气相同类型的物质的更小微粒构成的,那么以太微粒也必定是互相排斥的。如何才能解释这种超距作用而不必援引一种微以太(micro-aether),然后继续援引一种小微以太(mini-micro-aether),如此等等,以至无穷呢?

在接下来的大约 30 年里,牛顿在这一点上放弃了以太思辨。除了难以对机械以太提出融贯的解释,某些实验结果也促使他作出

---

① Isaac Newton, "De aere et aethere," in *Unpublished Scientific Papers of Isaac Newton*, ed. and trans. A. Rupert Hall and Marie Boas Hall (Cambridge: Cambridge University Press, 1962), p.221.

② Ibid.

第八章 重新思考宇宙：牛顿论引力与上帝

这一决定。在真空容器中所作的摆的实验表明，摆的运动实际受到的阻力非常之小，因此以太必须极为稀薄，以至于对牛顿的目的没有什么用处。此外，他关于阻滞介质中运动的研究在行星领域产生了否定以太存在的证据。因为正如他在《原理》中所证明的，阻力正比于介质的质量。因此，无论把行星之间的以太分割得如何精细，它仍然会阻碍行星的运动，这与观测到的行星的恒常运动相矛盾。

出于这些考虑，牛顿补充了吸引力和排斥力以取代他的以太思辨。

> 物体的微粒是否具有某种能力、效能或力量呢？凭借这些，它们能对远处的东西产生作用，不仅能作用于光线使之反射、折射和弯曲，而且也能彼此之间互相作用而引起为数众多的自然现象？众所周知，物体能通过重力、磁力和电力的吸引而互相发生作用，这些事例显示出了自然界的意向和趋势。但是，除此之外还可能有更多种类的吸引力。因为自然界本身是和谐一致的。①

在最早附加于1706年《光学》拉丁文版的一个思辨性的"疑问"中，牛顿解释说，传统机械论哲学的被动物质不足以解释现象，要想作出恰当的解释，需要有某种主动本原。鉴于物质的惰性，如

---

① Isaac Newton, *Opticks; or, A Treatise of the Reflections, Refractions, Inflections & Colours of Light*, repr. from the 4th ed.(1730), with a foreword by Albert Einstein, introduction by Sir Edmund Whittaker, and preface by I. Bernard Cohen (New York: Dover, 1952), pp.375-376.

果没有一种主动本原来充当运动的持续来源,世界中运动的量将会越来越少。

> 惯性力是一种被动本原,各个物体因这个本原而保持运动或静止。它们所获得的运动与加于其上的力的大小成正比,所抗拒的运动则与其所受的阻力相当。如果仅有这样一个本原,世界上就永远不会有任何运动了。要使物体运动就得有某种别的本原;而物体现已运动,就需要有某种别的本原使这个运动保持下去。……失去运动远比获得运动容易得多,因而运动总是处于衰减之中。①

由于牛顿继续通过物质的属性来解释自然现象,从这个意义上说,牛顿仍然忠实于机械论哲学的目标。但他用吸引力和排斥力引入了超距作用,于是,他开始为物质赋予了机械论哲学家有意禁止的那些属性。

对化学现象的愈加了解——牛顿关于炼金术主题的手稿至少有 100 万字——支持了牛顿对自然中特异性和能动性的看法。手稿显示,牛顿深深地沉迷于炼金术研究之中。炼金术的一个主要特征是描述了一个充满能动性的自然世界。炼金术研究可能有助于牛顿为物体常规的机械论属性补充了吸引力和排斥力。

---

① Isaac Newton, *Opticks; or, A Treatise of the Reflections, Refractions, Inflections & Colours of Light*, repr. from the 4th ed. (1730), with a foreword by Albert Einstein, introduction by Sir Edmund Whittaker, and preface by I. Bernard Cohen (New York: Dover, 1952), pp. 397–398.

第八章 重新思考宇宙：牛顿论引力与上帝

牛顿在17世纪70年代之后引入的力——取代了他曾用以太梯度表达的早期解释。他仍然全神贯注于有选择的亲和性、溶解性的差异、放热的化学反应、光的反射和折射、物体的内聚力、毛细作用等他曾经用严格的机械论术语无法解释的现象。现在，这些现象成了他为物质属性补充的吸引力和排斥力的证据，并且揭示了吸引力和排斥力的力量。

然而，牛顿并未彻底脱离以太思辨。他为1717年版的《光学》补充了8个新的疑问，其中再次提出存在着一种遍布于所有空间的"以太介质"：

> 这种介质是否就是光赖以折射和反射，而且借助于它的振动，光就把热传给各个物体……的那种介质？在热的物体中，这种介质的振动是不是有助于使物体中的热增强和持久？……这种介质是不是远比空气更为稀薄和精细，而且更有弹性和能动性？它是不是容易弥漫于所有物体之中？它是不是会（因其弹性力的作用）扩展到整个天界中去？[①]

这种以太具有一些引人注目的属性。它遍布于所有空间，在行星之间空无所有的空间中远比在行星内部稠密。随着与太阳距离的增加，这种介质的密度也会增加。

---

① Isaac Newton, *Opticks; or, A Treatise of the Reflections, Refractions, Inflections & Colours of Light*, repr. from the 4th ed. (1730), with a foreword by Albert Einstein, introduction by Sir Edmund Whittaker, and preface by I. Bernard Cohen (New York: Dover, 1952), p.349.

尽管密度的这种增大在遥远之处可能极为缓慢,可是如果这种介质的弹性力非常之大,那么它仍然足以用我们所谓的重力把各个物体从介质稠密的部分推到稀薄的部分。至于说这种介质的弹性非常之大,这一点可以从它的振动迅速来推知。①

与先前提出的机械以太不同,这种新的以太不会阻碍行星的运动:"这些微粒的极其细小将有助于使这些微粒彼此后退的那个力变得极其巨大,从而使这种介质比空气更为稀薄和更富有弹性,结果将更不能阻碍抛射体的运动。"②牛顿并未回到17世纪70年代的机械以太。虽然他用这种新的以太微粒来解释几乎与之前相同的那些现象,但这些微粒现在具有排斥力。

对力进行解释:异端与神的行动问题

除了自然哲学、数学和炼金术,牛顿还为神学主题倾注了很大精力。其手稿中至少包含250多万字关于神学主题的内容。牛顿的异端神学使他更加关切如何引入和解释吸引力和排斥力。

牛顿的手稿显示,在17世纪70年代,他已经与圣公会官方的

---

① Isaac Newton, *Opticks; or, A Treatise of the Reflections, Refractions, Inflections & Colours of Light*, repr.from the 4th ed.(1730), with a foreword by Albert Einstein, introduction by Sir Edmund Whittaker, and preface by I. Bernard Cohen (New York: Dover, 1952), p.351.

② Ibid., p.352.

三位一体教义决裂。通过认真研究《圣经》和早期教父,他确信三位一体的教义并无《圣经》证据。他认为,尼西亚会议(325年),尤其是教父阿塔那修斯(Athanasius,296—373),曾经在4世纪把这一教义错误地强加于基督教。牛顿认为三位一体教义是对圣经一神论的背离。他主张一个兼具超越性和内在性的上帝。牛顿的上帝是那个创造了世界并以其绝对权力支配着世界的统治者。牛顿决心消除自然神论的幽灵,根据自然神论,上帝创世之后便让世界根据他所创造的自然律自行运作,于是,牛顿决定证明神在世界中的行动,从而击败自然神论和唯物论。因此,他的神学文稿不仅批判了阿塔那修斯、尼西亚会议以及罗马天主教会对原始基督教的败坏,而且包含着关于实现《圣经》预言的材料,以展示上帝在人类历史中的行动。

牛顿相信存在着一种包含着宗教和神学的古代智慧。他由此拒绝接受三位一体和其他"偶像崇拜"教义,认为这是对原本纯洁的一神论的败坏。他在《光学》最后的疑问31最后一句话中重申了他对古代神学的信仰:"假使异教徒不是由于崇拜假神而受到蒙蔽,他们的道德哲学就会超出四种主要美德之上;他们就不会教人相信灵魂转世,教人崇拜太阳、月亮和死去的英雄人物,而将教导我们去崇拜我们真正的创造者和恩人,正像他们的祖先在自己堕落之前,在诺亚和他儿子们统治之下所做的那样。"① 这种败坏首先是埃及人干的,然后是阿塔那修斯和天主教会干的,在牛顿看来,这

---

① Isaac Newton,*Opticks;or,A Treatise of the Reflections,Refractions,Inflections & Colours of Light*,repr.from the 4th ed.(1730),with a foreword by Albert Einstein,introduction by Sir Edmund Whittaker, and preface by I. Bernard Cohen (New York:Dover,1952),pp.405-406.

亵渎了一神论,把偶像崇拜的教义强加于一种原始的纯洁宗教。

牛顿在炼金术中发现了主动本原,从而激励他思考了物理世界中力的作用。他承认,力和超距作用向机械论哲学提出了问题,他试图对这些力作出解释。这种努力使他径直回到了神学。机械论哲学和他反三位一体的神学所提出的问题使牛顿考虑对流行的机械哲学作出深刻调整。对严格的圣经一神论的坚持深深地影响了牛顿的自然哲学(特别是他相信,自然是一个统一体,为一位上帝所造)和万有引力理论。

牛顿把吸引力概念当成了《原理》的核心概念。然而,机械论哲学明确排除任何类型的超距作用。牛顿如何来调和这种明显的矛盾呢?牛顿在《原理》中声称,力只不过是描述物体如何偏离惯性运动的数学表达。在附加于《原理》后来版本的"总释"中的一段著名的话中,牛顿写道:

161
> 迄今为止我们已经用重力解释了天体及海洋的种种现象,但还没有把这种力量归于什么原因。……我还没有能力从现象中导出重力的那些属性的原因,我也不杜撰假说。因为凡不是从现象中推导出来的任何说法都应被称为假说;而假说,无论是形而上学的还是物理学的,是关于隐秘性质的还是力学的,在实验哲学中都没有位置。……对我们来说,知道重力确实存在,并且按照我们已经说明的那些规律起作用,还可以用它来广泛解释天体和海洋的一切运动,这就足够了。①

---

① Newton, *Principia*, p.943.

第八章 重新思考宇宙：牛顿论引力与上帝

在此声明中，牛顿并非完全坦诚，因为他已经提出了神学的、形而上学的和物理的等各种假说来解释引力吸引和他在整个自然界中观察到的其他吸引和排斥。然而，牛顿说他还没有能力发现重力或其他吸引的原因，这暗示寻求这样一种原因是合理的。那样一来，重力并不像广延、不可入性和硬度那样是物体的一种第一性质。因此，他否认超距作用是物体的一种固有属性，他在致理查德·本特利牧师的一封信中明确表明了这一点，当时本特利正在为第一次波义耳讲座做准备：

> 没有某种非物质的东西从中参与，那种全然无生命的物质竟能在不发生相互接触的情况下作用于其他物质，并且发生影响，这是不可想象的。……至于重力是物质内在的、固有的和本质的，因而一个物体能够穿过真空超距地作用于另一物体，无需其他任何东西的中介就能把它们的作用和力从一个物体传递到另一个物体，这种说法对我来说荒谬绝伦，我相信但凡在哲学方面有足够思考能力者绝不会陷入这种谬论之中。重力必定是由某个遵循特定规律的动因所产生的，但这个动因究竟是物质的还是非物质的，我留给读者自己去思考。①

在《原理》中，牛顿已经表明不可能存在一种充满空间的物质性的以太，因为这种以太对运动造成的阻碍将会导致太阳系很快衰减

---

① Newton to Richard Bentley, 25 February 1692/1693, in *Isaac Newton's Papers and Letters on Natural Philosophy and Related Documents*, ed. I. Bernard Cohen (Cambridge: Harvard University Press, 1958), pp. 302–303.

162 耗尽。他给本特利写的信暗示，既然不可能存在这样一种物质介质，那么必定存在着一种非物质的介质来解释引力以及在物质微粒之间起作用的吸引和排斥。这样一种非物质的介质会是什么呢？

在疑问 28 中，牛顿提出这种非物质介质正是上帝本身，这一结论是通过考察宇宙中所有明显的秩序和设计而得出的。

自然哲学的主要任务是不用杜撰的假说而是从现象来讨论问题，并从结果中导出其原因，直到我们找到那个第一因为止，而此原因一定不是机械的；自然哲学的任务不仅在于揭示宇宙的结构，而且主要在于解决下列那些以及类似的一些问题。在几乎空无物质的地方有些什么，太阳和行星之间既无稠密物质，它们何以会相互吸引？何以自然不做徒劳之事，而我们在宇宙中看到的一切秩序和美又从何而来？……动物的身体怎么会设计得如此巧妙，它们的各个部分分别为了哪些目的？没有光学技巧，能否设计出眼睛？没有声学知识，是否能设计出耳朵？……这些事情是这样井井有条，所以从现象来看，似乎有一位无形的、活的、智慧的、无所不在的上帝，他在无限空间中，就像在他的感官中一样，仿佛亲切地看到形形色色的事物本身，彻底地感知它们，完全地领会它们，因为事物直接地呈现于他。……虽然这种哲学中的每一真正步骤并不能直接使我们认识到第一因，但它使我们更接近于它，所以每一个这样的步骤都应得到高度评价。①

---

① Newton, *Opticks*, pp.369 – 370.

就这样,自然哲学直接导向了对上帝的认识。上帝的无所不在实现了牛顿早先归之于以太的所有功能。上帝正是物质所表现出的吸引和排斥的非物质原因。正统的机械论哲学家和年轻的牛顿曾试图通过不可见的力学机制来解释现象,而成熟的牛顿则通过一位无限的、无处不在的、不可见的上帝的直接行动来解释它们。现在,宇宙中的所有运动都成了上帝力量的直接结果。尽管相信上帝实际上无所不在,但牛顿并不接受泛神论。他坚持上帝与造物之间是严格分离的。

牛顿的上帝渗透于所有空间和时间,牛顿的神学也渗透于他的自然哲学。神学与自然哲学之间的这种紧密联系也许与现代人的感受很不协调,但在牛顿及其同时代人看来这却是完全合理的。牛顿宣称:"由现象讨论上帝显然是'自然'哲学的一部分。"①他在致本特利的第一封信开篇便宣称,他写作《原理》的动机之一就是把自然哲学用作一项伟大的设计论证。"当我撰写关于我们体系的著作时,我曾着眼于这样一些原理,用这些原理也许能使深思熟虑的人们相信上帝的存在。"②

牛顿的物理学成就涉及自然哲学的范围和内容的根本变化。通过把自然哲学数学化,他不仅创造了一种极其强大的物理学理论,而且也一劳永逸地推翻了亚里士多德的科学分类。这种数学与自然哲学之间的联盟使牛顿能够实现机械论哲学的目标:用物

---

① Newton, *Principia*, pp.942-943.
② Newton to Bentley, 10 December 1692, in Cohen, *Newton's Papers and Letters*, p.280.

质和运动来解释世界现象。力的概念使他得以实现这个目标,但吸引力和排斥力的引入也代表着与机械论哲学的一则主要信条的显著背离。

牛顿的许多同时代人都热情欢迎他的物理学和数学,但有些人觉得他的力的概念令人不安。此前曾就发明微积分的优先权与牛顿发生争执的德国大哲学家戈特弗里德·威廉·莱布尼茨(Gottfried Wilhelm Leibniz,1646—1716)批判了牛顿的神学和物理学方法。莱布尼茨赞同神意的中心地位,但其神意概念与牛顿的有显著不同。虽然莱布尼茨采用了一种机械论哲学版本,但他的哲学也包含了一些形而上学原理,直接将其哲学与神学联系在一起。他认为上帝创造了所有可能世界中最好的一个世界,因为作为一个理性的存在者,上帝总是有理由选择最好的。这一原理设定了一种善的标准,它独立于上帝的造物而存在,因而使莱布尼茨陷入了某种形式的理智主义。他还认为,世间万物的和谐源于每一个个体在任一时刻都反映着整个世界。这种和谐至少蕴含着两个重要推论:心与物之间的对应关系,以及奇迹(源于上帝在最初创世时所包含的和谐)。因此,无论是心与物之间的前定和谐,还是精神事件与物理事件之间的前定和谐,都源于上帝初始的创世行为。因此,上帝从来也不需要直接干预宇宙的运作。神意源于以下事实:一个遵从理性原理——尤其是充足理由律(选择这一行动而非另一行动必须有其理由)——的完全理性的上帝创造了所有可能世界中最好的一个。

1715年和1716年,莱布尼茨与牛顿的代言人塞缪尔·克拉克(Samuel Clarke)之间爆发了一场争论。莱布尼茨认为,牛顿主

第八章　重新思考宇宙：牛顿论引力与上帝

义者坚持上帝的行动意味着上帝的做工是不完美的，他必须不断干预自然，修补其作品。更好的工匠将会创造一个永远平稳运行的世界，而无需进行干预。克拉克作为牛顿派的唯意志论者回应说，莱布尼茨的解释意味着对上帝的自由和权力作了不可接受的限制，因为它假定上帝要服从不依赖于他而存在的原理。在许多方面，17世纪末的这两位自然哲学伟人之间的辩论都代表着近代早期关注神学与自然哲学之间关系的顶点。

尽管牛顿在物理学和数学方面都做了开创性工作，但他的观点与现代科学家有所不同。他相信有一种古代智慧，根据这种智慧，一些古人的作品已经预示了关于平方反比律的知识以及一神论宗教的真理。他认为生活在公元前5—6世纪的前苏格拉底哲学家们已经知道了平方反比律，柏拉图和毕达哥拉斯主义者已经预示了他对自然的数学化。他确信，亚里士多德和更近的笛卡儿败坏了古代的见解。

牛顿把自己的计划理解成双重革新：宗教的革新和自然哲学的革新。在这两种情况下，他都会追溯古代传统，确信其古老为他本人的工作赋予了合法性。牛顿对古代知识——古代几何和古代智慧——的信念表明，认为牛顿创造了近代科学这一寻常看法是错误的。和文艺复兴时期的人文主义者和新教改革家一样，牛顿回溯过去为其自然哲学和神学寻找基础。现代牛顿主义是其18世纪追随者的创造，他们对牛顿的描绘乃是基于对其思想的有限挑选。

尾　声

1700年,自然哲学家、博物学家和化学家所描述的世界与1500年的世界显得相当不同。机械论哲学的拥护者用物质微粒、惯性运动和碰撞取代了亚里士多德的质料、形式和四因等基本解释术语。学科类别发生了转变:最值得注意的是,数学成了一种用来描述物理实在的语言,而这在亚里士多德看来是不可能的。对未知世界的探索不仅扩展了地理知识的范围,而且也扩充了关于世界上动植物的知识。对许多学者来说,经验、观察和理性的权威取代了古代文本的权威。

在恢复和更新各门学科方面,文艺复兴时期的人文主义起了巨大的作用,但各个学科沿着不同的路径来到了它们在1700年的位置。天文学的革命性变化源于新方法与新观测的结合,它使宇宙观彻底改变。运动科学的变化更多与新的概念有关,而不是与观察和实验有关。化学把古代理论纳入了新的自然哲学,实验在其中一直起着重要作用。对生命的研究,无论是博物学、解剖学还是生理学,均作为古代方法的复兴而发展起来,同时也检验了古代文本的真实性。没有哪一种描述能够充分展示所有这些发展或者产生它们的方法。

这些发现不仅呼吁新方法,对人类认识的范围和确定性作出新的说明,而且也增加了经验观察作为认识自然界的一个可靠来源的权威性。在不同语境下,观察、实验和数学在寻求自然认识方面各自扮演着新的角色。许多自然哲学家都拒绝接受亚里士多德的知识目标(scientia,对事物本质的认识),认为自然哲学既达不到确定性,也无法获得关于事物本质的认识。洛克写了《人类理解论》(Essay Concerning Human Understanding,1690)试图为机械论提供哲学基础,他在书中这样概括这种思想转变:"无法把自然哲学做成科学。"① 无论在内容上还是方法上,新的自然哲学和获取知识的新方法都取代了亚里士多德主义。

然而,近代科学并没有立即跟上所有这些发展。尽管学者们用"科学"一词来描述任何个别学科,但他们尚未用"科学"这个一般范畴来涵盖所有这些东西。当时没有人对博物学、天文学、医学生理学、化学、运动科学等各种知识和方法作过一般论述。一些学科得到了描述,一些学科得到了解释,一些学科在数学上表现出了惊人的复杂,但没有一种刻画把握住了所有这些学科共有的性质。

自19世纪以来,特别是在20世纪和21世纪,科学有了一些在近代早期尚未出现的特点。自然哲学不再是一种合法的学科类别。它的某些方面分成了一些专门的科学,如核物理、生物化学、细胞生物学、有机化学、计算机科学、地质学和心理学。它的某些部分则不再被列为科学:现在神学家思考不朽的灵魂,科学家却并非如此。同样,生物学家拒绝用神的智慧、力量和善来解释在生命

---

① John Locke, *An Essay Concerning Human Understanding*, ed. Peter H. Nidditch (Oxford: Clarendon Press, 1975), p.645 (book 4, chap.12, sect.10).

界发现的秩序。化学家已经把炼金术归于流行文化、荣格派心理学家及其新时代(New Age)追随者的象征性解释。

现代科学的社会背景与近代早期的自然哲学家、数学家、天文学家、化学家、博物学家和医学家的社会背景有深刻的不同。除了一些显著的例外，如马拉盖的阿拉伯天文学家和汶岛的第谷及其团队，近代早期欧洲从事科学的人并非以团队进行工作，而且肯定不会申请政府赞助，指导研究生和博士后，或者在专业的科学期刊上发表多位作者联合署名的盲审文章。

这些体制安排在18—19世纪逐渐发展起来，然后在20—21世纪大大加快了步伐。在近代早期没有职业科学家这回事，那些学者不会凭借做研究来获得薪酬，也不会通过培养研究生来继承自己的事业。现代科学的所有这些社会方面都是在随后几个世纪中发展起来的。

那么，近代早期的自然哲学家、天文学家和医学著者是在哪里工作的呢？如果是在大学中工作，比如伽利略在比萨大学和帕多瓦大学，牛顿在剑桥大学，则他们往往持有数学或某一门学科的教席，但他们在拥有志同道合的专业人士的部门或机构中并无职务，也不必培养学生按照同一种研究传统在专业上继承自己的事业。如果是在宫廷工作，比如开普勒，则他们主要是以通信以及出版和阅读书籍来与其他天文学家或自然哲学家进行接触。如果像哥白尼和伽桑狄那样作为教会管理者（两人都担任了当地教会的教士）来维持生计，则他们会根据自己的时间从事自然哲学和科学，而不是把它当做自己高薪职务的一部分。笛卡儿和波义耳等少数几个富裕的人无需就业便可追求自己的兴趣。但在大多数情况下，从事自然哲学和科学的人都需要找到机构或私人赞助来支持自己的工作。

科学和自然哲学的专业期刊在17世纪第一次产生。《皇家学会哲学汇刊》、莱比锡的《学人辑刊》(*Acta Eruditorum*)、巴黎科学院的《学者杂志》(*Journal des sçavans*)等出版物都是由通信发展起来的,担任中间人的往往是英国的亨利·奥尔登堡或法国的马兰·梅森(Marin Mersenne)。

到了17世纪末,自然认识的面貌已经发生显著变化。然而,无论在思想上还是社会上,这些变化尚不等同于近代科学的出现。科学与宗教的分离,对"科学"这一一般范畴的阐述,科学的体制化和专业化,甚至是那种被称为"科学革命"或"近代科学的兴起"的历史现象仍然要到将来才能出现。

阅读建议

第一章 1500年以前西方的世界观

Wilbur Applebaum, ed., *Encyclopedia of the Scientific Revolution: Copernicus to Newton* (New York: Garland, 2000) 和 Katharine Park and Lorraine Daston, eds., *The Cambridge History of Science*, vol.3, *Early Modern Science*, (Cambridge: Cambridge University Press, 2006) 是两部关于近代早期自然哲学的一般性参考书。关于天文学史的发展，见 Michael Hoskin, ed., *The Cambridge Concise History of Astronomy* (Cambridge: Cambridge University Press, 1999)。Roy Porter 在 *The Greatest Benefit to Mankind: A Medical History of Humanity* (New York: Norton, 1997) 中对医学史作了一般性考察。John Hedley Brooke, *Science and Religion: Some Historical Perspectives* (Cambridge: Cambridge University Press, 1991) 对不同历史情境下科学与宗教之间的复杂关系作了认真分析。

对古代和中世纪科学史的考察见 David C. Lindberg, *The Beginnings of Western Science: The European Scientific Tradition in Philosophical, Religious, and Institutional Context, 600 b.c. to a.d. 1450*, 2nd ed. (Chicago: University of Chicago Press, 2007) 以及 Edward Grant, *The Foundations of Modern Science in the Middle Ages: Their Religious, Institutional, and Intellectual Contexts* (Cambridge: Cambridge University Press, 1996)。Roger French and Andrew Cunningham 在 *Before Science: The Invention of the Friars' Natural Philosophy* (Brookfield, VT: Ashgate, 1996) 中讨论了中世纪自然哲学的宗教背景。关于从希腊语到阿拉伯语的翻译，见 Dimitri Gutas, *Greek Thought, Arabic Culture: The Graeco-Arabic Translation Movement in Baghdad and Early 'Abbāsid Society (2nd -4th/8th -10th Centuries) (London: Routledge, 1998)。The Cambridge Companion to Arabic Philosophy, ed. Peter Adamson and Richard C. Taylor (Cambridge: Cambridge University Press, 2005) 对中世纪阿拉伯哲学作了很好的概述。

对古代天文学的详细讨论见 James Evans, The History and Practice of Ancient Astronomy (New York: Oxford University Press, 1998)。关于托勒密天文学更广的宇宙论和物理学方面，见 Liba Chaia Taub, Ptolemy's Universe: The Natural Philosophical and Ethical Foundations of Ptolemy's Astronomy (Chicago: Open Court, 1993)。关于占星术的理论和实践，见 Tamsyn Barton, Ancient Astrology (London: Routledge, 1994) 以及 S. Jim Tester, A History of Western Astrology (Wolfeboro, NH: Boydell Press, 1987)。关于阿拉伯天文学的背景和详细描述，见 George Saliba, Islamic Science and the Making of the European Renaissance (Cambridge: MIT Press, 2007)。

关于早期炼金术的英文学术著作很少。关于希腊化时期和拜占庭的炼金术，见 Michèle Mertens, "Graeco-Egyptian Alchemy in Byzantium," in The Occult Sciences in Byzantium, ed. Paul Magdaleno and Maria Mauroudi (Geneva: La Pomme d'Or, 2006), pp. 205—230。

Vivian Nutton 在 Ancient Medicine (London: Routledge, 2004) 中描述了古代医学传统。对古代博物学的完整说明见 Roger French, Ancient Natural History: Histories of Nature (London: Routledge, 1994)。

第二章 变革的气息：寻找一种新的自然哲学

关于科学史家对科学革命的讨论方式以及最近的学术倾向，见 David C. Lindberg and Robert S. Westman, eds., Reappraisals of the Scientific Revolution (Cambridge: Cambridge University Press, 1990) 以及 Margaret J. Osler, ed., Rethinking the Scientific Revolution (Cambridge: Cambridge University Press, 2000)。

对文艺复兴时期人文主义的广泛讨论见 Anthony Grafton, with April Shelford and Nancy Siraisi, New Worlds, Ancient Texts: The Power of Tradition and the Shock of Discovery (Cambridge: Belknap Press of Harvard University Press, 1992) 和 Jill Kraye, ed., The Cambridge Companion to Renaissance Humanism (Cambridge:Cambridge University Press,1999)。关于文艺复兴时期的哲学,见 Brian P.Copenhaver and Charles B.Schmitt,*Renaissance Philosophy* (Oxford:Oxford University Press,1992); Richard Popkin, *The History of Scepticism from Savonarola to Bayle*, rev.and expanded ed. (Oxford: Oxford University Press, 2003); and Charles B. Schmitt, Quentin Skinner,and Eckhard Kessler,eds., *The Cambridge History of Renaissance Philosophy* (Cambridge:Cambridge University Press,1988)。关于印刷术的发展和影响,见 Elizabeth L.Eisenstein, *The Printing Press as an Agent of Change* (Cambridge:Cambridge University Press,1979)。关于解剖学的发展,见 Andrew Cunningham, *The Anatomical Renaissance: The Resurrection of the Anatomical Projects of the Ancients* (Brookfield, VT: Ashgate, 1997)。对赫尔墨斯传统的讨论见 Frances A.Yates, *Giordano Bruno and the Hermetic Tradition* (Chicago:University of Chicago Press,1964)。

关于宗教改革时期的生活状况,见 Andrew Cunningham and Ole Peter Grell, *The Four Horsemen of the Apocalypse: Religion, War, Famine and Death in Reformation Europe* (Cambridge: Cambridge University Press, 2000)。Diarmaid MacCulloch, *The Reformation: A History* (New York:Viking,2003) 和 Steven Ozment, *The Age of Reform: 1250—1550* (New Haven:Yale University Press,1980) 为宗教改革的历史及其后果提供了细节。

关于欧洲人对新大陆动植物的反应,见 Miguel de Asúa and Roger French, *A New World of Animals: Early Modern Europeans on the Creatures of Iberian America* (Burlington,VT:Ashgate,2005)。

对哥白尼革命技术性内容的清晰说明,见 Thomas S.Kuhn, *The Copernican Revolution: Planetary Astronomy in the History of Western Thought* (Cambridge:Harvard University Press,1957)。Arthur Koestler, *The Sleepwalkers: A History of Man's Changing Vision of the Universe* (London: Penguin,1964; first published 1959) 对哥白尼和开普勒的贡献作了散漫的说明。Peter Barker, "Copernicus and the Critics of Ptolemy," *Journal of the History of Astronomy* 30 (1999):343—358 提供了哥白尼的历史背景。Peter Barker and Bernard R. Goldstein, "Theological Foundations of Kepler's Astronomy," *Osiris* 16 (2001):88—113 讨论了开普勒的神学与天文学之间的关系。关于哥白尼天文学的宗教含义和对它的反应,见 Kenneth J.Howell

God's Two Books: Copernican Cosmology and Biblical Interpretation in Early Modern Science（Notre Dame, IN: University of Notre Dame Press, 2002）。

第三章 观察天空：从亚里士多德的宇宙论到自然的均一性

对伽利略的生平和著作的简要论述连同其重要著作的一些翻译，见 Maurice A. Finocchiaro, ed., *The Essential Galileo*（Indianapolis: Hackett, 2008）。Dava Sobel, *Galileo's Daughter: A Historical Memoir of Science, Faith, and Love*（Toronto: Viking, 1999）对伽利略的生平和著作作了引人入胜的描述。

关于伽利略和教会有大量研究文献。以下著作涉及他的思想、审判和被宗教裁判所谴责等关键议题：Richard J. Blackwell, *Galileo, Bellarmine, and the Bible, Including a Translation of Foscarini's Letter on the Motion of the Earth*（Notre Dame, IN: University of Notre Dame Press, 1991）; Annibale Fantoli, *Galileo: For Copernicanism and for the Church*, trans. George V. Coyne, 2nd ed.（Rome: Vatican Observatory Publications, 1996）; and Ernan McMullin, ed., *The Church and Galileo*（Notre Dame, IN: University of Notre Dame Press, 2005）。

关于占星术，见 Patrick Curry, ed., *Astrology, Science and Society*（Wolfeboro, NH: Boydell Press, 1987）和 Anthony Grafton, *Cardano's Cosmos: The World and Works of a Renaissance Astrologer*（Cambridge: Harvard University Press, 1999）。

第四章 创造一种新的自然哲学

关于机械论哲学的亚里士多德背景，见 Dennis Des Chene, *Physiologia: Natural Philosophy in Late Aristotelian and Cartesian Thought*（Ithaca: Cornell University Press, 1996）。Stephen Gaukroger, *Descartes' System of Natural Philosophy*（Cambridge: Cambridge University Press, 2002）概述了

笛卡儿的机械论哲学方法。关于真空存在性的争论史，见 Edward Grant, *Much Ado about Nothing：Theories of Space and the Vacuum from the Middle Ages to the Scientific Revolution*（Cambridge：Cambridge University Press，1981）。关于波义耳与霍布斯就波义耳的实验是否证明了真空存在以及实验方法是否有用所展开的争论，见 Steven Shapin and Simon Schaffer, *Leviathan and the Air-Pump：Hobbes, Boyle, and the Experimental Life*（Princeton：Princeton University Press，1985）。

Brian P.Copenhaver,"A Tale of Two Fishes：Magical Objects in natural history from Antiquity through the Scientific Revolution," *Journal of the History of Ideas* 52（1991）：373—398 提供了关于一系列常见隐秘性质的历史。关于隐秘性质在机械论哲学中所扮演的角色，见 Keith Hutchison, "What Happened to Occult Qualities in the Scientific Revolution?" *Isis* 73（1982）：233—253 和 John Henry, "Occult Qualities and the Experimental Philosophy：Active Principles in Pre-Newtonian Matter Theory," *History of Science* 24（1986）：335—381。

关于对近代早期欧洲科学与宗教之间关系的最新看法，见 Ronald L. Numbers, *Galileo Goes to Jail and Other Myths about Science and Religion*（Cambridge：Harvard University Press，2009）。以下著作讨论了宗教和神学在近代早期科学和哲学中的大量出现：关于圣经解释及其与科学发展的关系，见 Peter Harrison, *The Bible, Protestantism, and the Rise of Natural Science*（Cambridge：Cambridge University Press，1998）；关于神的行动和神意的神学预设在机械论哲学中扮演的角色，见 Margaret J.Osler, *Divine Will and the Mechanical Philosophy：Gassendi and Descartes on Contingency and Necessity in the Created World*（Cambridge：Cambridge University Press，1994）；关于自然哲学中神的目的，见 Osler, "Whose Ends? Teleology in Early Modern Natural Philosophy," *Osiris* 16（2001）：151—168。关于神学与自然哲学在波义耳思想中的内在关联，见 Jan W.Wojcik, *Robert Boyle and the Limits of Reason*（Cambridge：Cambridge University Press，1997）。另见 Peter Harrison, *The Fall of Man and the Foundations of Science*（Cambridge：Cambridge University Press，2007）。

第五章　移动边界:从混合数学到数学物理学

关于力学科学的学科地位,见 Alan Gabbey,"Between *Ars* and *Philosophia Naturalis*: Reflections on the Historiography of Early Modern Mechanics," in *Renaissance and Revolution: Humanists, Scholars, Craftsmen, and Natural Philosophers in Early Modern Europe*, ed. J. V. Field and A. J. L. Frank James (Cambridge: Cambridge University Press, 1993)。Domenico Bertoloni Meli, *Thinking with Objects: The Transformation of Mechanics in the Seventeenth Century* (Baltimore: Johns Hopkins University Press, 2006) 对力学的发展作了描述。关于新的运动科学的形而上学含义,见 Margaret J. Osler, "Galileo, Motion, and Essences," *Isis* 64 (1973): 504—509。

关于中世纪光学的背景,见 David C. Lindberg, *Theories of Vision from Al-Kindi to Kepler* (Chicago: University of Chicago Press, 1976)。A. I. Sabra, *Theories of Light (from Descartes to Newton)* (London: Oldbourne, 1967) 讨论了 17 世纪光学的发展。关于牛顿的颜色实验,见 Richard S. Westfall, "The Development of Newton's Theory of Colors," *Isis* 53 (1962): 339—358。

第六章　探索物质的属性:炼金术与化学

Trevor H. Levere, *Transforming Matter: A History of Chemistry from Alchemy to the Buckyball* (Baltimore: Johns Hopkins University Press, 2001) 是一部化学通史。关于对炼金术史的权威论述,见 Lawrence M. *Principe, The Secrets of Alchemy* (Chicago: University of Chicago Press, 2011);另见 Bruce T. Moran, *Distilling Knowledge: Alchemy, Chemistry, and the Scientific Revolution* (Cambridge: Harvard University Press, 2005)。炼金术的哲学含义见 William R. Newman, *Promethean Ambitions: Alchemy and the Quest for Perfection in Nature* (Chicago: University of Chicago Press, 2004)。关于帕拉塞尔苏斯及其追随者,见 Allen G. Debus, *The Chemical Philosophy: Paracelsian Science and Medicine in the Sixteenth and Seventeenth Centuries*, 2 vols. (Chicago: University of Chicago Press, 1977)。William R.

Newman, *Atoms and Alchemy:Chymistry and the Experimental Origins of the Scientific Revolution* (Chicago:University of Chicago Press,2006)讨论了17世纪微粒论炼金术的炼金术背景。关于波义耳致力于炼金术及其思想发展,见 William R.Newman and Lawrence Principe,*Alchemy Tried in the Fire:Starkey,Boyle,and the Fate of Helmontian Chymistry* (Chicago:University of Chicago Press,2002) 和 Lawrence M.Principe,*The Aspiring Adept:Robert Boyle and His Alchemical Quest* (Princeton:Princeton University Press,1998)。

第七章 研究生命:植物、动物和人

关于博物学的一般背景,见 Brian W.Ogilvie,*The Science of Describing: natural history in Renaissance Europe* (Chicago:University of Chicago Press,2006) 和 Nicholas Jardine,James A.Secord, and E.C.Spary,*The Cultures of natural history* (Cambridge:Cambridge University Press,1995)。关于收藏家、博物馆和赞助,见 Paula Findlen,*Possessing Nature:Museums, Collecting,and Scientific Culture in Early Modern Italy* (Berkeley and Los Angeles:University of California Press,1994)。关于猞猁学院,见 David Freedberg,*The Eye of the Lynx:Galileo,His Friends,and the Beginnings of Modern natural history* (Chicago:University of Chicago Press,2002)。Martin J.S.Rudwick,*The Meaning of Fossils:Episodes in the History of Paleontology*,2nd ed.(New York:Science History Publications,1976)讨论了关于化石的早期看法。

Roger French,*William Harvey's Natural Philosophy* (Cambridge:Cambridge University Press,1994)讨论了哈维的亚里士多德主义。关于哈维在英国的追随者及其实验,见 Robert G.Frank,Jr.,*Harvey and the Oxford Physiologists* (Berkeley and Los Angeles:University of California Press,1980)。

关于亚里士多德主义者和笛卡儿对灵魂的看法,见 Dennis Des Chene,*Life's Form:Late Aristotelian Conceptions of the Soul* (2000) 和 *Spirits and Clocks:Machine and Organism in Descartes* (2001),两本书均由 Cornell University Press,Ithaca,NY 出版。关于伽桑狄对灵魂不朽的论证,见 Margaret

J. Osler, "Baptizing Epicurean Atomism: Pierre Gassendi on the Immortality of the Soul," in *Religion, Science, and Worldview: Essays in Honor of Richard S. Westfall*, ed. Margaret J. Osler and Paul Lawrence Farber (Cambridge: Cambridge University Press, 1985), pp.163—184。

第八章　重新思考宇宙:牛顿论引力与上帝

关于对牛顿自然哲学的一般解释,见 Betty Jo Teeter Dobbs and Margaret C. Jacob, *Newton and the Culture of Newtonianism* (Atlantic Highlands, NJ: Humanities Press, 1995)。牛顿的权威传记是 Richard S. Westfall, *Never at Rest: A Biography of Isaac Newton* (Cambridge: Cambridge University Press, 1980)。J. E McGuire and Martin Tamny, *Certain Philosophical Questions: Newton's Trinity Notebook* (Cambridge: Cambridge University Press, 1983) 对牛顿本科时期的笔记本作了现代抄写。关于《原理》中的推理,见 Dana Densmore, *Newton's Principia: The Central Argument*, 3rd ed. (Santa Fe, NM: Green Lion, 2003)。

牛顿关于物质本性、力的概念等主题的思辨性著述,见 I. Bernard Cohen, *Isaac Newton's Letters and Papers on Natural Philosophy* (Cambridge: Harvard University Press, 1958)。关于牛顿的力的概念的发展以及这一概念在17世纪的发展,见 Richard S. Westfall, *Force in Newton's Physics: The Science of Dynamics in the Seventeenth Century* (New York: Elsevier, 1971)。

关于牛顿的炼金术及其与牛顿非正统宗教的关系,见 B. J. T. Dobbs, *The Janus Faces of Genius: The Role of Alchemy in Newton's Thought* (Cambridge: Cambridge University Press, 1991)。关于牛顿的异端及其与牛顿物理学的关系,见 Stephen D. Snobelen: "'God of Gods and Lord of Lords': The Theology of Isaac Newton's General Scholium to the *Principia*," *Osiris*, 2nd ser., 16 (2001): 169—208 和 "'The True Frame of Nature': Isaac Newton, Heresy, and the Reformation of Natural Philosophy," pp. 223—262 in *Heterodoxy in Early Modern Science and Religion*, ed. John Brooke and Ian Maclean (Cambridge: Cambridge University Press, 2005)。

索　引

（索引页码为原书页码，即本书边码）

A

Abelard, Peter, 彼得·阿贝拉尔, 4
Accademia dei Lincei, 猞猁学院, 65
Acosta, José, 何塞·德·阿科斯塔, on natural history of the New World, ～论新大陆的博物学, 135
Acta Eruditorum,《学人辑刊》, 167
action-at-a-distance, 超距作用: and force, ～与力, 154; Gassendi on, 伽桑狄论～, 81; the mechanical philosophy on, 关于～的机械论哲学, 86; in Newton, 牛顿学说中的～, 155-157
active principles, 主动本原, Newton on, 牛顿论～, 160
aether, 以太: and the mechanical philosophy, ～与机械论哲学, 155; in Newton, 牛顿学说中的～, 154, 157-158
afterlife, 来世, Boyle on, 波义耳论～, 92
air, 气: Boyle on, 波义耳论～, 129; as element in Aristotle, ～作为亚里士多德学说中的元素, 9
air-pump, 空气泵, Boyle on, 波义耳论～, 129, 143
Albertus Magnus, 大阿尔伯特, on faith and reason, ～论信仰与理性, 12
alchemy, 炼金术: in Alexandria, 亚历山大的～, 21; Arabic, 阿拉伯的～, 21; Roger Bacon on, 罗吉尔·培根论～, 23; Boyle on, 波义耳论～, 92, 126-127; and chemistry, ～与化学, 118; Geber on, 贾比尔论～, 23; Locke on, 洛克论～, 127; and matter, ～与物质, 118; Newton on, 牛顿论～, 127, 157, 160; origins of, ～的起源, 21; John of Rupecissa on, 鲁庇西萨的约翰论～, 23; Van Helmont on, 范·赫尔蒙特论～, 126
Alciati, Andrea, 安德里亚·阿尔齐亚蒂, on emblems, ～论象征, 133-134
Alexandria, 亚历山大: alchemy in, ～的炼金术, 21; anatomy in, ～的解剖学, 27, 33
Alhazen, 阿尔哈增: on astronomy, ～论天文学, 18-19; on optics, ～论光学, 103, 110-111
al-Khwārismī, 花拉子米, 40
al-Kindī, 金迪, 11
al-Ṭūsī, 图西, 19
al-'Urdī, 乌尔迪, 19
ammonites, 菊石: Lister on, 李斯特论～, 139; Voltaire on, 伏尔泰论～, 139
anastomoses, 孔隙: Galen on, 盖伦论～, 28; Harvey on, 哈维论～, 142
anatomy, 解剖学, 132, 165; in Alexandria, 亚

索引

历山大的～,27,33;Fabricius on,法布里修斯论～,141;Galen on,盖伦论～,34,35;in the Middle Ages,中世纪的～,33;nomenclature of,～的命名,36;in the Renaissance,文艺复兴时期的～,33;Vesalius on,维萨留斯论～,34-36

angels,天使:Boyle on,波义耳论～,92;Gassendi on,伽桑狄论～,80

animism,泛灵论,in Kircher,基歇尔学说中的～,137

Aquinas,Thomas,托马斯·阿奎那:and Aristotle,～与亚里士多德,5,12,39;on divine will,～论神的意志,90;on the eucharist,～论圣餐,12;on faith and reason,～论信仰与理性,12

Archimedes,阿基米德,33;Galileo and,伽利略与～,96;and law of the lever,～与杠杆定律,96;method of,～的方法,96

Aristarchus of Samos,阿里斯塔克,49

Aristotelianism,亚里士多德主义,165;Galileo's challenges to,伽利略对～的挑战,62-63;mechanical philosophy's rejection of,机械论哲学对～的拒斥,77-78,84-85,99-100,117,166;on vision,～论视觉,103

Aristotle,亚里士多德,3,6-11;on cause,～论原因,6,7;on classification of disciplines,～论学科分类,2,6;on the common sense,～论通感,109;*De anima*,《论灵魂》,145;on elements,～论元素,9,20;natural books by,～的自然学著作,6,10,145;on natural history,～论博物学,23-24,132,136;Paracelsus on,帕拉塞尔苏斯论～,119;rejection of,by chemical philosophers,化学论哲学家对～的拒斥,121;on soul,～论灵魂,9-10,145;on stones and metals,～论石头与金属,134;on teleology,～论

目的论,7-8,23-24

astrology,占星术,72-75;Augustine on,奥古斯丁论～,72;Babylonian,巴比伦～,13;Bellanti on,贝兰蒂论～,73;Calvin on,加尔文论～,74;judicial,神判～,72;Kepler on,开普勒论～,55,75;Melanchthon on,梅兰希顿论～,74;natural,自然～,72;in Paracelsus'medicine,帕拉塞尔苏斯医学中的～,120;Pico on,皮科论～,72-73;Pontano on,蓬塔诺论～,73;Ptolemy on,托勒密论～,17;Tycho on,第谷论～,74

astronomy,天文学:Arabic,阿拉伯～,18,43;Averroes on,阿威罗伊论～,42-43;Babylonian,巴比伦～,13;Copernicus on,哥白尼论～,43-51;geo-heliocentric,地日心～,53-54;Greek,希腊～,13-15;heliocentric,日心～,43-60;Hipparchus on,希帕克斯论～,15;and mathematics,～与数学,14,20;methods of,～的方法,165;observations in,～中的观测,52-53,165;Peurbach on,普尔巴赫论～,42-43,and physics,～与物理学,50-51,53,55,57,59-60,69;Plato on,柏拉图论～,13-14;Ptolemy on,托勒密论～,3,15-17,18-19,42-43;Regiomontanus on,雷吉奥蒙塔努斯论～,42-43

Athanasius,阿塔那修斯,Newton on,牛顿论～,160

atheism,无神论,89

atomism,原子论:Epicurus on,伊壁鸠鲁论～,77;Gassendi on,伽桑狄论～,78,80-81;Lucretius on,卢克莱修论～,32

atomists,原子论者:on matter,～论物质,20,78-81;on vision,～论视觉,103

atoms,原子:Epicurus on,伊壁鸠鲁论～,77;Gassendi on,伽桑狄论～,78,80-1;

properties of,～的性质,81
Augustine,Saint,圣奥古斯丁:on astrology,～论占星术,72;on biblical interpretation,～论圣经解释,39,66-67
Averroes,阿威罗伊,11-2;criticism of Ptolemaic astronomy by,～对托勒密天文学的批判,42-43
Avicenna,阿维森纳:on medicine,～论医学,28-29;on mercurysulfur theory,～论汞/硫理论,22;Paracelsus on,帕拉塞尔苏斯论～,119;on transmutation,～论嬗变,22

B

Bacon,Francis,弗朗西斯·培根,136-137
Bacon,Roger,罗吉尔·培根,on alchemy,～论炼金术,23
Barbaro,Ermolao,伊谟劳·巴巴罗,and natural history,～与博物学,132-133
Barberini,Maffeo（Pope Urban VIII）,马费奥·巴贝里尼（教皇乌尔班八世）,69
barometer,气压计:Boyle on,波义耳论～,129;and chymistry,～与化学,130;Descartes on,笛卡儿论～,80;Gassendi on,伽桑狄论～,79-80;in mechanical philosophy,机械论哲学中的～,80;Pascal on,帕斯卡论～,79;Roberval on,罗贝瓦尔论～,80;Torricelli on,托里拆利论～,79
Bauhin,Gaspard,加斯帕·鲍欣,on natural history,～论博物学,134
beavers,海狸:Physiologus on,《博物学家》论～,26;Pliny on,普林尼论～,24-26;Topsell on,托普塞尔论～,138
Becher,Johann Joachim,on phlogiston,约翰·约阿希姆·贝歇尔,～论燃素,130
Bellanti,Lucio,卢奇奥·贝兰蒂,on astrology,～论占星术,73

Bellarmine,Robert,罗伯特·贝拉闵,64;on Copernican astronomy,～论哥白尼天文学,68-69;letter by,to Foscarini,～写给弗斯卡利尼的信,69
Bentley,Richard,理查德·本特利,93,161
Bessel,Friedrich Wilhelm,弗里德里希·威廉·贝塞尔,and parallax,～与视差,50
Bible,《圣经》,1;authority of,～的权威,37;and chemical philosophy,～与化学论哲学,121;on earth's age,～论地球的年龄,137;Galileo on,伽利略论～,66-67;on interpretation of,论对～的解释,38-40,66-67;and science,～与科学,38-40;on species,～论物种,138-139;translation of,～的翻译,37-38
biology,生物学,as defined discipline,作为确定学科的～,132,146
Bīrūnī,比鲁尼,40
blood,血液:circulation of,～循环,142-143;color of,～的颜色,144;in humor theory,体液理论中的～,26
Boyle,Robert,罗伯特·波义耳:on air,～论空气,129,167;on air-pump,～论空气泵,129;and alchemy,～与炼金术,92,126-127;on angels,～论天使,92;on color,～论颜色,111;and Descartes,influence of,～与笛卡儿,笛卡儿对～的影响,128;on elements,～论元素,127-128;and Gassendi,influence of,～与伽桑狄,伽桑狄对～的影响,128;on God,～论上帝,92,145;on limits of human reason,～论人类理性的界限,92;on matter,～论物质,127-129;and the mechanical philosophy,～与机械论哲学,88,128-129;More on,摩尔论～,91;and natural philosophy,～与自然哲学,126;Newton on,牛顿论～,154;on Origin of Forms and Qualities,～论《形式

与性质的起源》,128; and philosophers' stone,~与哲人石,126; on qualities,~论性质,129; and respiration experiments,~与呼吸实验,143; *Sceptical Chymist*,《怀疑的化学家》,127; on the soul,~论灵魂,145; and Starkey,~与斯塔基,126,128; on theology,~论神学,92,145; and Van Helmont, influence of,~与范·赫尔蒙特,范·赫尔蒙特对~的影响,126; on void,~论真空,129; on willow tree experiment,~论柳树实验,128

Boyle Lectures,波义耳讲座,93,161

Brahe, Tycho,第谷·布拉赫,60,166; on astrology,~论占星术,74; on comets,~论彗星,53; and geo-heliocentric astronomy,~与地日心天文学,53; and macrocosm and microcosm,~与大宇宙和小宇宙,74; observations of,~的观测,52-53

Buridan, Jean,让·布里丹,12

C

Cabala,卡巴拉神秘哲学,32

cabinets of curiosities,珍品柜,136

Caccini, Tommaso,托马索·卡奇尼, attack on Galileo by,~对伽利略的攻击,66,68

calcination,灰化, Stahl on,施塔尔论~,130

calculus,微积分, Newton on,牛顿论~,149,151

calendar reform,历法改革,43

Calvin, Jean,让·加尔文,37; on astrology,~论占星术,74

cardiovascular system,心血管系统,144; Colombo on,科伦布论~,140-141; Galen on,盖伦论~,28,140-141; Harvey on,哈维论~,141,143; Ibn al-Nafis on,伊本·纳菲斯论~,140

Casaubon, Isaac,伊萨克·卡佐邦,31-32

Castelli, Benedetto,贝内代托·卡斯泰利,66

Catholic Church,天主教会; and natural philosophy,~与自然哲学,167; Newton on,牛顿论~,160

cause,原因; Aristotle on:亚里士多德论~,6-7; Gassendi on,伽桑狄论~,81; God as first,作为第一~的上帝,81

censorship, ecclesiastical,教会审查,68-69; and Descartes,~与笛卡儿,84; and Galileo,~与伽利略,70-71; and Kepler,~与开普勒,69

Cesi, Frederico,弗雷德里科·切西,65

chemical philosophy,化学论哲学,118-124

chemistry,化学,126-130; and alchemy,~与占星术,118; origins of,~的起源,21

chymistry,化学; definition of,~的定义,118; experiments in,~中的实验,165; and the mechanical philosophy,~与机械论哲学,130

Cicero, Marcus Tullius,马库斯·图利乌斯·西塞罗,31

circular motion,圆周运动; Descartes on:笛卡儿论~,102; Huygens on,惠更斯论~,101-102; Newton on,牛顿论~,148

Clarke, Samuel,塞缪尔·克拉克,93; against Leibniz,~对莱布尼茨的反驳,164

classification of plants and animals,动植物分类; Linnaeus on,林奈论~,140; in Newton,牛顿学说中的~,153; Ray on,雷论~,140

Collegio Romano,罗马学院,64

Colombo, Realdo,雷阿尔多·科伦布, on

pulmonary circulation,～论肺循环,140-141

color,颜色:Aristotelians on,亚里士多德论～,114;Descartes on,笛卡儿论～,105,114;mechanical philosophers on,机械论哲学家论～,111;Newton on,牛顿论～,113-117,149

Columbus,Christopher,克里斯托弗·哥伦布,40-41

combustion,燃烧,Stahl on,施塔尔论～,130

comets,彗星:Flamsteed on,弗拉姆斯蒂德论～,75;Halley on,哈雷论～,75;Newton on,牛顿论～,75-76,153;as portents,作为预兆的～,75;Tycho on,第谷论～,53

common sense,the,通感,109

Condemnation of,1277,1277年大谴责,12

Conduitt,John,约翰·康迪特,147

Copernican astronomy,哥白尼天文学,reception of,～的接受,52,55

Copernicus,Nicholas,尼古拉·哥白尼,43-51,167;De revolutionibus,《天球运行论》,44

cosmology,宇宙论,52-53,60;Aristotle on,亚里士多德论～,8;Copernicus on,哥白尼论～,45-46;Descartes on,笛卡儿论～,83;Hermetic,赫尔墨斯主义～,32;medieval discussions of,中世纪对～的讨论,12;Ptolemy on,托勒密论～,17;rejection of Aristotelian,对亚里士多德～的拒斥,99

Council of Nicaea,尼西亚会议,Newton on,牛顿论～,160

Council of Trent,特伦托会议,38,52,67

Counter-Reformation,反宗教改革,38

creation,创世,Christian view of,基督教的～观,5;Paracelsus'chemical explanation of,帕拉塞尔苏斯对～的化学解释,120

Cremonini,Cesare,切萨雷·克雷莫尼尼,63

D

deism,自然神论,Newton on,牛顿论～,158

demons,魔鬼,Gassendi on,伽桑狄论～,80

De revolutionibus,《天球运行论》,44;banning of,by the Church,教会对～的禁止,68

Derham,William,威廉·德勒姆,93

Descartes,René,勒内·笛卡儿,78,81-84,87-88,91,167;on animals,～论动物,145;on the barometer,～论气压计,80;on circular motion,～论圆周运动,102;on colors,～论颜色,105,111;on the common sense,～论通感,109;experimental model of rainbow by,～的彩虹实验模型,111;force in,～学说中的力,103;on impact,～论碰撞,100-101;on inertia,～论惯性,100;influence of Kepler on,开普勒对～的影响,104;influence of,on Boyle,～对波义耳的影响,128;on kinematics,～论运动学,103;and laws of motion,～与运动定律,82-83,100,104;on light,～论光,83,104-109,111-112;on the magnet,～论磁体,87-88;on motion,～论运动,95;Newton on,牛顿论～,154;on optics,～论光学,104-108;on the pineal gland,～论松果腺,109;on the rainbow,～论彩虹,109-112;on reflection,～论反射,106-108;on refraction,～论折射,106,108,112;on the soul,～论灵魂,145;on the telescope,～论望远镜,109;on vortices,～论涡旋,112

design, 设计, argument from, ～论证, 161
Dietrich of Freiberg, 弗赖贝格的迪特里希, on the rainbow, ～论彩虹, 110 – 111
Dioscorides, 迪奥斯科里德斯, 24; natural history by, ～的博物学, 132 – 133
disciplinary boundaries, 学科边界, 3, 14, 50, 72, 95, 132, 145 – 146, 165 – 166; Aristotle on, 亚里士多德论～, 2, 162; and chymistry, ～与化学, 131; and mixed mathematics, ～与混合数学, 15, 29, 52, 94, 117; Newton on, 牛顿论～, 162; in university curricula, 大学课程中的～, 13
disease, 疾病: in Greek medicine: 希腊医学中的～, 120; Paracelsus on, 帕拉塞尔苏斯论～, 120
dissection, 解剖, 27, 33 – 34
divine activity, 神的行动, Newton on, 牛顿论～, 160
divine power, 神的力量, 91, 164
divine will, 神的意志, 91, 164

E

earth, 地球: at center of the cosmos, ～位于宇宙中心, 16; history of, ～的历史, 2, 137
earth's motions, 地球的运动, 45 – 46, 48, 69; Galileo on, 伽利略论～, 95, 98; objections to, 对～的反驳, 49 – 50, 98 – 99
eccentric, 偏心圆, 42; as equivalent to epicycle, ～与本轮的等价, 15
educational reform, 教育改革, and chemical philosophy, ～与化学论哲学, 121
elements, 元素: Aristotle on: 亚里士多德论～, 9; Boyle on, 波义耳论～, 127 – 128; Descartes on, 笛卡儿论～, 104; Paracelsus on, 帕拉塞尔苏斯论～, 120; Van Helmont on, 范·赫尔蒙特论～, 125

emblems, 象征, Alciati on, 阿尔齐亚蒂论～, 133 – 134
Epicurus, 伊壁鸠鲁, 77 – 78; on void, ～论真空, 79
epicycle, 本轮, 42; as equivalent to eccentric, ～与偏心圆的等价, 15
equant, 偏心匀速点, 42, 52; Alhazen's rejection of, 阿尔哈增对～的拒斥, 19; and Copernicus, ～与哥白尼, 48; in Ptolemy, 托勒密学说中的～, 18 – 19
eucharist, 圣餐, 12; Descartes on, 笛卡儿论～, 84
Euclid, 欧几里得, 33, 96; on vision, ～论视觉, 103
experiments, 实验: alchemical, 炼金术～, 118; and Boyle, ～与波义耳, 128 – 129, 143; by Harvey, 哈维的～, 143; Lower's, on respiration, 洛厄的呼吸～, 143 – 144; in Newton on colors, 牛顿的颜色～, 115, 154, 156; in Paracelsus, 帕拉塞尔苏斯学说中的～, 120; quantitative approach to, ～的定量方法, 125; and rainbow model, ～与彩虹模型, 111; Dietrich on, 狄奥多里克论～, 111; in Van Helmont, 范·赫尔蒙特论～, 124 – 125, 128
exploration, 探险, voyages of, ～航行, 40 – 41, 165; motives for, ～的动机, 135; and natural history, impact on, ～对博物学的影响, 132

F

Fabricius of Aquapendente, 法布里修斯, on valves in the veins, ～论静脉瓣膜, 141
faith and reason, 信仰与理性, in the Middle Ages, 中世纪的～, 12

Fermat, Pierre de, 皮埃尔·德·费马, on law of refraction, ~论折射定律, 113

Ficino, Marsilio, 马西利奥·菲奇诺, 31

Flamsteed, John, 约翰·弗拉姆斯蒂德, on comets, ~论彗星, 75

Fludd, Robert, 罗伯特·弗拉德: as chemical philosopher, 作为化学论哲学家的~, 121; on weapon salve, 121–123, ~论武器药膏

fluxions, 流数, Newton's method of, 牛顿的~法, 149, 151

force, 力, 95; Huygens on, 惠更斯论~, 101–103; Kepler on, 开普勒论~, 59; and the mechanical philosophy, ~与机械论哲学, 102, 147, 149, 154; Newton on, 牛顿论~, 147–149, 156, 160

Foscarini, Paolo Antonio, 保罗·安东尼奥·弗斯卡利尼, 69

fossils, 化石: Gessner on, 盖斯纳论~, 134; Hooke on, 胡克论~, 138; location of, ~的位置, 138–139; Kircher on, 基歇尔论~, 137; Steno on, 斯蒂诺论~, 137–138; Voltaire on, 伏尔泰论~, 139

Foster, William, 威廉·福斯特, attack by, on Fludd and weapon salve, ~对弗拉德和武器药膏的攻击, 122–123

freedom, divine, 神的自由, 90–91, 164; Boyle on, 波义耳论~, 92

Froben, Johannes, 约翰内斯·弗洛本, 118–119

G

Galen, 盖伦, 3, 26–28, 33; on anatomy, ~论解剖学, 34, 35; on cardiovascular system, ~论心血管系统, 28, 141, 144; downfall of, ~学说的衰落, 144; method of, ~的方法, 143; Paracelsus on, 帕拉塞尔苏斯论~, 119; physiology of, ~的生理学, 141; rejection of, by chemical philosophers, 化学论哲学家对~的拒斥, 121; and teleology, ~与目的论, 27, 36, 144

Galileo Galilei, 伽利略·伽利莱; and Archimedes, ~与阿基米德, 96; and the Church, ~与教会, 65–72; criticism of Aristotelian cosmology by, ~对亚里士多德宇宙论的批判, 62; De motu,《论运动》, 96, 98; Dialogue on the Two Chief World Systems,《关于两大世界体系的对话》, 70–71, 97–98; Discourses on Two New Sciences,《关于两门新科学的谈话》, 71–72, 97; on earth's motions, ~论地球运动, 70, 95–99; on inertia, ~论惯性, 98–99; and Kepler, ~与开普勒, 55, 65; on kinematics, ~论运动学, 98, 102; on law of falling bodies, ~论落体定律, 97; Letter to the Grand Duchess,《致大公夫人的信》, 66–67; on motion, ~论运动, 61, 96–99; and patronage, ~与赞助, 63; on science and scripture, ~论科学与《圣经》, 66–72; Siderius nuncius,《星际讯息》, 62–63; and the telescope, ~与望远镜, 61–64; on the tides, ~论潮汐, 70; trial of, 对~的审判, 71; on uniformity of nature, ~论自然的均一性, 65, 70; on void, ~论真空, 97

gardens, medical, 药用植物园, 133–134

Gassendi, Pierre, 皮埃尔·伽桑狄, 167; atomism of, ~的原子论, 78, 80–81; Boyle, influence on, ~对波义耳的影响, 128; and Hobbes, ~与霍布斯, 89–90; on inertia, ~论惯性, 99; on knowledge, ~论知识, 91; on light, ~论光, 85–86; Newton on, 牛顿论~, 154; on qualities, ~论性质, 84–85; on theology, ~论神学,

索 引

78,80,84-85,89-90,145;on void,～论真空,78;on the weapon salve,123-124,～论武器药膏

Geber,盖伯,on alchemy,～论炼金术,22-23

geography,地理学,165;Arabic writers on,阿拉伯作者论～,49;Ptolemy on,托勒密论～,40-41

geo-heliocentric astronomy,地日心天文学,53

Gessner,Conrad,康拉德·盖斯纳,133

Gilbert,William,威廉·吉尔伯特,87

Glanvill,Joseph,约瑟夫·格兰维尔,91

God,神,上帝,1;argument for,from design,对～的设计论证,161;attributes of,～的属性,90;Boyle on,波义耳论～,92,145;Clarke on,克拉克论～,164;Descartes on,笛卡儿论～,83,91;freedom of,～的自由,91,164;Gassendi on,伽桑狄论～,78,80,91;and gravity,～与引力,161;Hernández on,埃尔南德斯论～,135;Kepler on,开普勒论～,57-9;knowledge of,关于～的知识,37;Leibniz on,莱布尼茨论～,162,164;and the mechanical philosophy,～与机械论哲学,89;Newton on,牛顿论～,158,160-162,164;power of,～的能力,91,164;Ray on,雷论～,140;as source of motion,作为运动来源的～,89;Topsell on,托普塞尔论～,137;Van Helmont on,范·赫尔蒙特论～,124-125

gold-making,制备黄金,21,127

gravity,重力,95;Descartes on,笛卡儿论～,83;inverse-square law of,～的平方反比律,148;Newton on,牛顿论～,148-151,154,161

Grimaldi,Francesco,弗朗西斯·格里马尔迪,on color,～论颜色,111

Guenther von Andernach,34,安德纳赫的君特

H

Halley,Edmond,埃德蒙·哈雷:on comets,～论彗星,75;and Newton,～与牛顿,150

Harriot,Thomas,托马斯·哈利奥特,and the telescope,～与望远镜,61

Harvey,William,威廉·哈维:on anatostomoses,～论孔隙,142;on cardiovascular system,142-143,～论心血管系统

heliocentric astronomy,日心天文学:Aristarchus on,阿里斯塔克论～,49;Copernicus on,哥白尼论～,43-51

herbaria,标本室,134

Hermes Trismegistus,三重伟大的赫尔墨斯,31

Hermetic writings,赫尔墨斯主义著作,31-32;and chemical philosophy,～与化学论哲学,121

Hernández,Francisco,弗朗西斯科·埃尔南德斯:on natural history of New Spain,～论新西班牙的博物学,135

Hero of Alexandria,亚历山大的希罗,79

Hipparchus on equivalence of eccentric and epicycle,希帕克斯论偏心圆与本轮的等价性,15-16

Hippocrates,希波克拉底,3;theory of humors of,～的体液理论,26-27

Hobbes,Thomas,托马斯·霍布斯:determinism of,～的决定论,89;and Gassendi,～与伽桑狄,89-90;materialism of,～的唯物论,84,89;Newton on,牛顿论～,154

Hooke,Robert,罗伯特·胡克:on color,～论颜色,111;and correspondence with Newton,～与牛顿的通信,149;on fos-

sils,~论化石,138;and inverse-square law,~与平方反比律,149;and Newton's theory of colors, criticism of,~与牛顿的颜色理论,~对牛顿颜色理论的批判,117
Horky,Martin,马丁·霍尔基,64
horror vacui,惧怕虚空,79-80,129
humors,体液,theory of,~理论,26-27,33,120
Huygens,Christiaan,克里斯蒂安·惠更斯:on light,~论光,113-115;on motion,~论运动,101-102

I

Ibn al-Nafis,on pulmonary circulation,伊本·纳菲斯,~论肺循环,140
Ibn asch-Schatir,伊本·沙提尔,20
Illustration,插图:medical,医学~,34-36;in natural history,博物学中的~,133-135
impact,碰撞,94;Descartes on,笛卡儿论~,100-101;Gassendi on,伽桑狄论~,81;Hugyens on,101 惠更斯论~
indigenous knowledge, Hernández'use of,埃尔南德斯对本土知识的利用,135
inertia,惯性,94,117,165;Descartes on,笛卡儿论~,100;Galileo on,伽利略论~,98-99;Gassendi on,伽桑狄论~,99;Newton on,牛顿论~,148
Inquisition,the,宗教裁判所,and Galileo,~与伽利略,68,71
Islam,伊斯兰教,rise of,~的兴起,4

J

Jabir,贾比尔,and alchemy,~与炼金术,21-22
Jesuits,耶稣会士 38,117;on astronomy,~论天文学,64;and Descartes,~与笛卡儿,83;and Galileo,~与伽利略,71;and

Kircher,~与基歇尔,137;and Tycho's astronomy,~与第谷天文学,69
Journal dess avans,《学者杂志》,167
Jupiter,木星,satellites of,~的卫星,62-63

K

Kepler,Johannes,约翰内斯·开普勒,167;and Alhazen's optics, influence of,阿尔哈增光学对~的影响,104;on astrology,~论占星术,55,75;on astronomy,~论天文学,54-60;books by, banning of,~的著作,对~著作的禁止,69;on Galileo's telescopic discoveries,~论伽利略的望远镜发现,63;on God,~论上帝,54,57-58;influence of,on Descartes,~对笛卡儿的影响,108-109;on mathematics and physics,~论数学与物理学,104;on optics,~论光学,104;and Osiander's preface,~与奥西安德尔的序言,44;and the telescope,~与望远镜 104
Kepler's Laws,开普勒定律,57-59;and inverse-square law,~与平方反比律 151;and Newton,~与牛顿,148
kinematics,运动学:definition of,~定义 97;in Descartes,笛卡儿学说中的~,101,103;Galileo on,伽利略论~,97,102;in Huygens,惠更斯学说中的~,101,103
Kircher, Anasthasius,阿塔那修斯·基歇尔,137

L

lapidifying virtue,石化属性,Kircher on, 基歇尔论~,137
Lavoisier, Antoine-Laurent,安托万-洛朗·拉瓦锡,on chemistry,~论化学,130

law of falling bodies,落体定律:Galileo on,伽利略论～,97;and inverse-square law,～与平方反比律,152

law of reflection of light,光的反射定律,Descartes on,笛卡儿论～,106

law of refraction of light,光的折射定律:Descartes on,笛卡儿论～,106,108-109,112;Fermat on,费马论～,113;Huygens on,惠更斯论～,113,115

law of the lever,杠杆定律,Archimedes on,阿基米德论～,96

law of universal gravitation,万有引力定律,153

laws,定律:Boyle on:波义耳论定律,92;and God,～与上帝,90;Kepler's,开普勒～,57-59;and Newton,～与牛顿,148,151,153

laws of motion,运动定律,Descartes',笛卡儿的～,82-83,100,104;Newton on,牛顿论～,150 151

Leibniz,Gottfried Wilhelm,戈特弗里德·威廉·莱布尼茨,162;and correspondence with Clarke,～与克拉克的通信,164;on God,～论上帝,164

lenses,透镜,Descartes on,笛卡儿论～,109

Leoniceno,Niccolò,尼科洛·列奥尼切诺,on Pliny,～论普林尼,132-133

light,光,83;Alhazen on,阿尔哈增论～,103;composition of,光的构成,115;Descartes on,笛卡儿论～,83,104-109,111-112;Gassendi on,伽桑狄论～,85-86;Greeks on,希腊人论～,96;Huygens on,惠更斯论～,113-115;Kepler on,开普勒论～,104,109;Newton on,牛顿论～,113-117,149;Pecham on,佩卡姆论～,103;refraction of,～的折射,112-113,115;Witelo on,

威特罗论～,103

Linnaeus,Carolus,林奈,140

Linus,Francis,弗朗西斯·莱纳斯,and criticism of Newton's theory of colors,～与对牛顿颜色理论的批判,117

Lipperhey,Hans,汉斯·利伯希,and the telescope,～与望远镜,61

Lister,Martin,马丁·李斯特,on fossils,～论化石,139

Locke,John,约翰·洛克:on alchemy,～论炼金术,127;on natural philosophy and science,165-166,～论自然哲学与科学

Lorini,Niccolò,尼科洛·洛里尼,and attack on Galileo,～与对伽利略的攻击,65-66

Lower,Richard,理查德·洛厄,and experiments on respiration,～与呼吸实验,143-144

Loyola,Ignatius,依纳爵·罗耀拉,38

Lucretius,卢克莱修,32

lunar theory,月球理论,Newton on,牛顿论～,153

Luther,Martin,马丁·路德,37

M

macrocosm and microcosm,大宇宙和小宇宙,32;and the chemical philosophy,～与化学论哲学,121;in Fludd,弗拉德学说中的～,122;in Paracelsus,帕拉塞尔苏斯学说中的～,119-120

Maestlin,Michael,米沙埃尔·梅斯特林,54-55

Magellan,Ferdinand,费迪南德·麦哲伦,41

Magini,Giovanni Antonio,乔万尼·安东尼奥·马吉尼,64

magnets,磁体;Descartes on:笛卡儿论～,

87-88;Gilbert on,吉尔伯特论～,88
Malpighi,Marcello,马切罗·马尔皮基,on capillaries,～论毛细血管,143
Marāgha observatory,马拉盖天文台,19,166
Maria the Jewess,犹太女人玛丽亚,21
mass,质量,95
materialism,唯物论:in Hobbes,霍布斯的～,89;and the mechanical philosophy,～与机械论哲学,132,144
mathematics,数学:Aristotle on,亚里士多德论～,6;and astronomy,～与天文学,19;in Huygens,惠更斯的～,101;mixed,混合～,15,29,52,94,117;Newton on,牛顿论～,149,151;and physics,～与物理学,100-101;practical,实用～,41;Pythagorean,毕达哥拉斯主义～,55
matter,物质:in alchemy:炼金术中的～,118;Aristotle on,亚里士多德论～,6-10,20;atomists on,原子论者论～,20;Becher on,贝歇尔论～,130;Boyle on,波义耳论～,127,129;Descartes on,笛卡儿论～,82,84,87,104;Gassendi on,伽桑狄论～,80-81,84-85;Huygens on,惠更斯论～,101;Jabir on,贾比尔论～,21-22;Paracelsus on,帕拉塞尔苏斯论～,120;Rhazes on,拉齐论～,22;Stahl on,施塔尔论～,130
mechanical models,机械论模型,in Descartes,笛卡儿学说中的～,105-108
mechanical philosophy,the,机械论哲学;Boyle on,波义耳论～,88,128-129;Descartes on,笛卡儿论～,82-84,87-88;and force,～与力,102,147;Gassendi on,伽桑狄论～,78-82,84-86,89-91;Hobbes on,霍布斯论～,84;and light,explanation of,～对光的解释,105-

107;limits of,～的限度,145;and materialism,danger of,～与唯物论的危险,132,144;and Newton,～与牛顿,99,154-155,160,162;on qualities,～论性质,84-85;and theology,～与神学,89
mechanics,力学,definition of,～的定义,94-95
medicine,医学:Avicenna on,阿维森纳论～,28;and chemical philosophy,～与化学论哲学,121;Greeks on,希腊人论～,3,26-28
Melanchthon,Philip,菲利普·梅兰希顿,52;on astrology,～论占星术,74
Mercury,汞;and metals,theory of,～与金属论理,22;Paracelsus'medicinal use of,帕拉塞尔苏斯对～的医学应用,120;in transmutation,use of,～在嬗变中的应用,127
Mersenne,Marin,马兰·梅森,167
metals,金属,mercury sulfur theory of,～的汞/硫理论,22
method,方法,165;Archimedes on,阿基米德论～,96;Aristotle on,亚里士多德论～,10;Galen on,盖伦论～,143;Harvey on,哈维论～,143;inductive,in Bacon,培根的归纳～,136;Jabir on,贾比尔论～,22
microscope,显微镜,81;Malpighi's use of,马尔皮基对～的使用,143
miracles,奇迹,12;Boyle on,波义耳论～,145;of Joshua,约书亚～,66;Leibniz on,莱布尼茨论～,162
mixed mathematics,混合数学,15,29,52,94,117
moon,月球:Galileo's observations of,伽利略对～的观察,62,Newton on theory of,牛顿的～理论,153
More,Henry,亨利·摩尔,91

motion,运动,50,82,165;Aristotle on,亚里士多德论~,9;cause of,in mechanical philosophy,机械论哲学中~的原因,95 - 96;circular,圆周~,94,101 - 102;Descartes on,笛卡儿论~,82,95;Galileo on,伽利略论~,95;natural and violent,自然~与受迫~,96 - 98;projectile,抛射体~,98;relativity of,~的相对性,45,50,101;science of,~科学,94 - 103

museums,博物馆,136

N

natural history,博物学,132 - 136,165;ancient,古代~,23 - 26;and explorations,impact of,41 - 42,探险对~的影响,132

natural motion,自然运动:Aristotle on,亚里士多德论~,8 - 9;Galileo on,伽利略论~,96 - 97

natural philosophy,自然哲学,161,165;Aristotelian,亚里士多德主义~,3,5,136;definition of,~的定义,2,94;Locke on,洛克论~,165 - 166;Newton on,牛顿论~,162;and theology,~与神学,29

natural theology,自然神学,Ray on,雷论~,140

nature,自然:in Aristotelianism,亚里士多德主义中的~,89;in early modern period,近代早期的~,137 - 40;in the Renaissance,文艺复兴时期的~,132 - 136

Neoplatonism,新柏拉图主义~:in Fludd,弗拉德学说中的~,121;on fossils,~论化石,134

Newton,Isaac,艾萨克·牛顿,167;on action-at-a-distance,~论超距作用,155 - 157,160;on active principles,~论主动

本原,156 - 157,160;on aether,~论以太,154 - 155;on alchemy,~论炼金术,126 - 127,147,149,157,160;"annus mirabilis" of,~"奇迹年",149;on argument from design,~论设计论证,162;and Aristotelianism,rejection of,~对亚里士多德主义~拒斥,154;on Athanasius,~论阿塔那修斯,160;on biblical prophecies,~论圣经预言,160;and Boyle,~与波义耳,154;and calculus,~与微积分,149,151;on colors,~论颜色,114 - 117,149;on comets,~论彗星,75 - 76,153;on Council of Nicaea,~论尼西亚会议,160;and experiment on colors,~与颜色实验,115 - 116;and experiments,~与实验,154,156;on fluxions,~论流数,149,151;on force,~论力,147 - 149,150 - 151,154,156,160;on God,~论神,158,160,162;on gravity,~论重力,148 - 151,154,161;and Halley,~与哈雷,150;and Hooke,~与胡克,117,149 - 150;on impact,~论碰撞,148;and inertia,~与惯性,148,156 - 157;and inverse-square law,~与平方反比律,149 - 150,152;and Kepler's Laws,~与开普勒定律,148,150 - 151;and Keynes,~与凯恩斯,148;and law of falling bodies,~与落体定律,152;laws of motion of,~运动定律,150 - 151;on light,~论光,113 -,117,149;on lunar theory,~论月球理论,153;manuscripts of,~手稿,147 - 148;on mathematics,~论数学,149,151;and the mechanical philosophy,~与机械论哲学,88,99,148,154 - 156,160,162;method of,~的方法,147,154 - 155,157,160,162;on natural philosophy,~论自然哲学,162;*Opticks*,《光

学》,147; on orbiting bodies,〜论作轨道运动的物体,149; on precession of the equinoxes,〜论岁差,153; *Principia*,《原理》,147,150; on *prisca sapientia*,〜论古代智慧,164; on *prisca theologia*,〜论古代神学,160; on resistance of medium,〜论介质阻力,156; student notebook of,〜学生时代的笔记本,154; on theology,〜论神学,147,149,158,160,162; on tides,〜论潮汐,153; on the Trinity,〜论三位一体,160; on uniformity of nature,〜论自然的均一性,152; on universal gravitation,〜论万有引力,153; on vortices,〜论涡旋,152

Newtonianism,牛顿主义; and calculus,〜与微积分,151; Voltaire on,伏尔泰论〜,139,164

nomenclature,命名; in anatomy; 解剖学中的〜,36; in natural history,博物学中的〜,133,135–136

O

observation,观察,144; by alchemists,炼金术士的〜,118; in astronomy,天文学中的〜,165; by Babylonian astronomers,巴比伦天文学家的〜,13; in natural history,博物学中的〜,133–134,165; by Ray,雷的〜,139; by Tycho,第谷的〜,52–53

occult qualities,隐秘性质; Descartes on,笛卡儿论〜,87–88; Fludd on,弗拉德论〜,122; Gassendi on,伽桑狄论〜,86

Ockham,William of,奥卡姆的威廉,on divine will,〜论神的意志,90

Oldenburg,Henry,亨利·奥尔登堡,149,167

optics,光学,111; Alhazen on,阿尔哈增论〜,103; Descartes on,笛卡儿论〜,104,

108,111; Greeks on,希腊人论〜,102–103; Kepler on,开普勒论〜,104; as mixed mathematics,作为混合数学的〜,103; Newton on,牛顿论〜,113–117,149

Oresme,Nicole,尼古拉·奥雷姆,12

Osiander,Andreas,安德烈亚斯·奥西安德尔,52; and preface to *De revolutionibus*,〜与《天球运行论》序言,44

P

Paracelsianism,帕拉塞尔苏斯主义; in Becher,贝歇尔学说中的〜,130; in Fludd,弗拉德学说中的〜,121; in Van Helmont,范·赫尔蒙特学说中的〜,174

Paracelsus (Philippus Aureolus Theophrastus Bombastus von Hohenheim),帕拉塞尔苏斯(菲利普·奥里奥卢斯·特奥弗拉斯图斯·波姆巴斯图斯·冯·霍恩海姆); on alchemy,〜论炼金术,118,120; on astrology,〜论天文学,120; on chemical philosophy,〜论化学论哲学,119; on disease,〜论疾病,120; on experiments,use of,〜论实验的用途,120; on Galen,〜论盖伦,119; Hermetic cosmology in,〜学说中的赫尔墨斯主义宇宙论,118–120; on matter,〜论物质,120; on medicine,〜论医学,118–119; on syphilis,〜论梅毒,120; teaching style of,〜的教学风格,119; on weapon salve,〜论武器药膏,121

parallax,视差,annual stellar,恒星周年〜,51–52

Pardies,Ignace-Gaston,巴蒂斯,criticism of Newton's theory of colors by,〜对牛顿颜色理论的批判,117

Pascal,Blaise,布莱斯·帕斯卡,on the barometer,〜论气压计,79–80

索 引

patronage, 赞助: and Galileo, ～与伽利略, 63; and natural history, ～与博物学, 136; of science, 科学～, 166

Paul V (pope), 保罗五世(教皇), 69

Pecham, John, 约翰·佩卡姆, 103

Pellet, Thomas S., 托马斯·佩勒特, and Newton's manuscripts, ～与牛顿手稿, 147

Peurbach, Georg, 格奥尔格·普尔巴赫, 42-43

philosophers' stone, 哲人石: Boyle on, 波义耳论～, 92; Geber on, 贾比尔论～, 23

Philosophical Transactions of the Royal Society of London, 《皇家学会哲学汇刊》, 114, 149, 167

phlogiston, 燃素, 130

Physiologus, 《博物学家》, 25

physiology, 生理学, 132, 165; Galen on, 盖伦论～, 28, 141; Harvey on, 哈维论～, 141

Pico, Giovanni della Mirandola, 乔万尼·皮科·德拉·米兰多拉, on astrology, ～论占星术, 71-72

pineal gland, 松果腺, Descartes on, 笛卡儿论～, 109

planetary motions, 行星运动, 15; Copernicus on, 哥白尼论～, 45-49; Kepler on, 开普勒论～, 54-55, 57-59; Tycho on, 第谷论～, 53

planets, 行星: periods of, ～周期, 48; stations and retrogradations of, ～的留和逆行, 15, 47

plastic spirit, Kircher on, 塑造性的精气, 基歇尔论～, 137

Plato, 柏拉图, 31-32; Newton on, 牛顿论～, 164

Platonic solids, 柏拉图立体, Kepler on, 开普勒论～, 54-56

Pliny, 普林尼, 32; on beavers, ～论海狸, 24-26; correction of, in the Renaissance, 文艺复兴时期对～的修正, 133; on natural history, ～论博物学, 24-25, 132

Polo, Marco, 马可·波罗, 41

Pompanzzi, Pietro, 彼得罗·彭波那齐, 144

Pontano, Giovanni, 乔万尼·蓬塔诺, on astrology, ～论占星术, 73

precession of the equinoxes, 岁差, Newton on, 牛顿论～, 153

pre-Socratic philosophers, 前苏格拉底哲学家, Newton on, 牛顿论～, 164

Priestley, Joseph, 约瑟夫·普里斯特利, on chemistry, ～论化学, 130

principle of accommodation, 适应性原则: Augustine on, 奥古斯丁论～, 67; Galileo on, 伽利略论～, 66-67

principle of sufficient reason, 充足理由律, 162

printing, 印刷术, 32; and illustrations in anatomy, ～与解剖学插图, 34-36; and illustrations in natural history, ～与博物学插图, 133, 135-136

prisca sapientia (ancient wisdom), 古代智慧, Newton on, 牛顿论～, 164

prisca theologia (ancient theology), 古代神学, Newton on, 牛顿论～, 160

projectile motion, 抛射体运动, Galileo on, 伽利略论～, 98-99

providence, 神意: Epicurus' denial of, 伊壁鸠鲁对～的否认, 77; Gassendi on, 伽桑狄论～, 78, 89-90; Kepler on, 开普勒论～, 54; Leibniz on, 莱布尼茨论～, 164; and the mechanical philosophy, ～与机械论哲学, 89

Ptolemy, Claudius, 克劳狄乌斯·托勒密, 33; Arabic criticism of, 阿拉伯人对～的

批判,18;on astrology,～论占星术,17; on astronomy,～论天文学,3,15–19; Averroes' criticism of,阿威罗伊对～的批判,42–43;on geography,～论地理学,40–41;on vision,～论视觉,103

pulmonary circulation,肺循环:Colombo on,科伦布论～,140–141;Harvey on,哈维斯论～,141;Ibn al-Nafis on,伊本·纳菲斯论～,140

Pythagoreanism,毕达哥拉斯主义,32;in Fludd,弗拉德学说中的～,121;in Kepler,开普勒学说中的～,55;Newton on,牛顿论～,164

Q

qualities,性质:Aristotelians on:亚里士多德主义者论～,84;Boyle on,波义耳论～,129;Descartes on,笛卡儿论～,84,87; Gassendi on,伽桑狄论～,84–85,87; occult,隐秘～,86–88,122

Qur'ān,《古兰经》,Averroes on,阿威罗伊论～,11

R

rainbow,彩虹:Alhazen on,阿尔哈增论～,110–111;Aristotle on,亚里士多德论～,110;Descartes on,笛卡儿论～,109–112;experimental model of,～的实验模型,111;geometry of,～的几何学,110–111;Dietrich of Freiberg on,弗赖贝格的迪特里希论～,110;Witelo on,威特罗论～,110–111

Ray,John,约翰·雷,on natural history,～论博物学,139–140

reflection of light,光的反射,law of,～定律,106

refraction of light,光的折射:Descartes on,笛卡儿论～,112;Fermat on,费马论～,

113;Huygens on,惠更斯论～,113, 115;index of,～率,115;law of,～定律,113,115;Newton on,牛顿论～,115

Regiomontanus,Johannes,约翰内斯·雷吉奥蒙塔努斯,43

Renaissance humanism,文艺复兴时期的人文主义,30–31,33–34,165;and natural history,～与博物学,133;and Pliny,～与普林尼,133

respiration,呼吸,experiments on,～实验,143–144

retinal image,视网膜上成的像:Descartes on,笛卡儿论～,109–110;Kepler on,开普勒论～,104

Rhazes,拉齐,on alchemy,～论炼金术,21

Rheticus,Georg Joachim,格奥尔格·约阿希姆·雷蒂库斯,44

Ricci,Ostilio,奥斯蒂利奥·里奇,96

Roberval,Gilles Personne de,罗贝瓦尔,on the barometer,～论气压计,80

Royal Society of London,伦敦皇家学会, 91,114,143,149;Bacon's influence on, 培根对～的影响,137;and chemical philosophy,～与化学论哲学124;and natural history,～与博物学,137

Rupecissa,John of,鲁庇西萨的约翰,on alchemy,～论炼金术,23

S

science,科学;definition of,～的定义,166; modern,近代～,166;of motion,运动～, 94–103,117,165;and scripture,～与《圣经》,39–40

scientific journals,科学期刊,114,167

Scientific Revolution,科学革命,167

scientist,科学家,definition of,～的定义, 167

seminal principles,种子本原,Van Hel-

mont on,范·赫尔蒙特论～,125
Sennert,Daniel,丹尼尔·森纳特,on the weapon salve,～论武器药膏,123
sensation,感觉,Descartes on,笛卡儿论～, 108–109
Sextus Empiricus,塞克斯都·恩披里柯, 38
skepticism,怀疑论: Descartes on;笛卡儿论～,82; and natural philosophy,～与自然哲学,39; and rule of faith,～与信仰规则,39; Sextus on,塞克斯都论～, 38
Society of Jesus,耶稣会,38. See also Jesuits,另见耶稣会士
soul,灵魂: in animals:动物的～,144–145; Aristotle on,亚里士多德论～,9–10,145; Averroes on,阿威罗伊论～, 11; Boyle on,波义耳论～,92,145; Descartes on,笛卡儿论～,145; Gassendi on,伽桑狄论～,80,145; immortality of,灵魂不朽,144–145; Pompanzzi on, 彭波那齐论～,144
space,空间,100
species,物种: and biblical account,～与《圣经》说法,138–139; extinction of,～灭绝,139; and fossils,～与化石 138–139
Stahl,George Ernst,格奥尔格·恩斯特·施塔尔,and Boyle,～与波义耳,130
Starkey,George,乔治·斯塔基: and alchemy,～与炼金术,126; and Boyle,～与波义耳,126
stations and retrogradations,留和逆行,47
Steno,斯蒂诺,on fossils,～论化石,137–138
Stenson,Niels,尼尔斯·斯坦森,137–138
substantial forms,实体形式: in Aristotelianism,亚里士多德主义中的～,84–85;

the mechanical philosophers on,机械论哲学家论～,85
Sylvius,Jacobus,雅各布·西尔维乌斯,34
syphilis,梅毒,Paracelsus on,帕拉塞尔苏斯论～,120

T

Tartaglia,Niccolò,尼科洛·塔尔塔利亚, 96
teleology,目的论: in Aristotelian natural history,亚里士多德博物学中的～,23–24; Aristotle on,亚里士多德论～,7–8; in Galen,盖伦学说中的～,27,35,144
telescope,the,望远镜,61–64; Descartes' explanation of,笛卡儿对～的解释,109; Galileo's justification of,伽利略对～的辩护,63–64; Jesuits and,耶稣会士与～, 64; Kepler on,开普勒论～,104
Theophrastus,塞奥弗拉斯特,on natural history,--论博物学,24,136
tides,潮汐: Galileo on,伽利略论～,70; Newton on,牛顿论～,153
Topsell,Edward,爱德华·托普塞尔,137–138
Torricelli,Evangelista,埃万杰利斯塔·托里拆利: on the barometer,～论气压计, 79; on impact,～论碰撞,101
translations,翻译,30; of Arabic into Latin,把阿拉伯语译成拉丁语,4,11; of the Bible,《圣经》的～,37; of Greek into Arabic,把希腊语译成阿拉伯语,4,11; of Ptolemy,托勒密著作的～,42
transmutation,嬗变,127; in Alexandria, 亚历山大城中的～,24; Avicenna on,阿维森纳论～,22; Rhazes on,拉齐论～, 22; Van Helmont on,范·赫尔蒙特论～, 126

transubstantiation,圣餐变体,12
Trinity,the,三位一体,Newton on,牛顿论~, 159-160
Tūsī couple,图西双轮,19;use of,by Copernicus,哥白尼对~的利用,43
two-book metaphor,两本书的隐喻,39,67
Tycho Brahe,第谷·布拉赫,60,166;on astrology,~论占星术,74;on comets,~论彗星,53;and geo-heliocentric astronomy,~与地日心天文学,53;and macrocosm and microcosm,~与大宇宙和小宇宙74;observations of,~的观测,52-53

U

uniform circular motion,匀速圆周运动,42-43,54,107;Copernicus on,哥白尼论~, 43;in Greek astronomy,希腊天文学中的~,13,15;Kepler's rejection of,开普勒对~的拒斥,55,59
uniformity of nature,自然的齐一性:Galileo on,伽利略论~,65;Newton on,牛顿论~,152
universities,大学,4-5;chemical philosophy in,~中的化学论哲学,119;and medical gardens,~与药用植物园,133-134;and natural philosophy,~与自然哲学,167
Urban VIII（pope）,乌尔班八世（教皇）, 69-70;and Galileo,~与伽利略,70

V

valves,瓣膜,cardiovascular,心血管的~, 141
Van Helmont,Joan Baptista,范·赫尔蒙特:on alchemy,~论炼金术,125-126;and Bible,~与《圣经》,124-125;and experimental methods,~与实验方法,

124-125;on God,~论上帝,124-125; influence of,on Boyle,~对波义耳的影响,126;and Paracelsus,与帕拉塞尔苏斯,124;and phlogiston,~与燃素,130; theology in,~的神学,124-125;on transmutation,~论嬗变,126;and willow tree experiment,~与柳树实验,126
Vasco da Gama,达·伽马,40-41
Venus,phases of,金星的相位,62
Vesalius,Andreas,安德烈亚斯·维萨留斯,34-36;and Galen's downfall,~与盖伦学说的衰落,144
Vespucci,Amerigo,亚美利哥·韦斯普奇,41
vision,视觉:Alhazen on,阿尔哈增论~, 103;Descartes on,笛卡儿论~,108; Greeks on,希腊人论~,103;Kepler on, 开普勒论~,104;science of,~科学, 103-117
vitalism,活力论,in Van Helmont,范·赫尔蒙特的~,126
Vittore,Fausto,福斯托·维托雷,95
void,真空:Aristotle on,亚里士多德论~, 8;Boyle on,波义耳论~,129; Descartes' denial of,笛卡儿对~的否认, 82;Epicurus on,伊壁鸠鲁论~,77,79; Galileo on,伽利略论~,97;Gassendi on,伽桑狄论~,78;Huygens on,惠更斯论~,101;Lucretius on,卢克莱修论~, 78
Voltaire,伏尔泰,on fossils,~论化石,139
vortices,涡旋:Descartes on,笛卡儿论~, 83,112;refutation of,by Newton,牛顿对~的反驳,152

W

wave-theory of light,光的波动理论,Huygens on,惠更斯论~,113-115

weapon salve,武器药膏,121-124
will,divine,神的意志:Aquinas on,阿奎那论～,90;Descartes on,笛卡儿论～,91;Gassendi on,伽桑狄论～,90-91;Leibniz on,莱布尼茨论～,163-164;Newton on,牛顿论～,163-164;Ockham on,奥卡姆论～,90
Witelo,Erazmus Ciolek,威特罗,103,110-111
world,eternity of,世界的永恒性,2;in Aristotle,亚里士多德学说中～,5;Averroes on,阿威罗伊论～,11

Z

Zosimos of Panopolis,佐西莫斯,21

图书在版编目(CIP)数据

重构世界:从中世纪到近代早期欧洲的自然、上帝和人类认识/(美)玛格丽特·J.奥斯勒著;张卜天译.—北京:商务印书馆,2020
ISBN 978-7-100-18829-6

Ⅰ.①重… Ⅱ.①玛… ②张… Ⅲ.①科学史—研究—欧洲 Ⅳ.①G325.09

中国版本图书馆 CIP 数据核字(2020)第 138541 号

权利保留,侵权必究。

重构世界
从中世纪到近代早期欧洲的自然、上帝和人类认识
〔美〕玛格丽特·J.奥斯勒 著
张卜天 译

商务印书馆出版
(北京王府井大街36号 邮政编码100710)
商务印书馆发行
北京通州皇家印刷厂印刷
ISBN 978-7-100-18829-6

2020年9月第1版　　开本880×1230　1/32
2020年9月北京第1次印刷　印张 7⅝
定价:49.00元